福建省高速公路施工标准化管理系列指南

福建省高速公路施工标准化管理指南
Fujian Sheng Gaosu Gonglu Shigong Biaozhunhua Guanli Zhinan

第六分册　生态保护与恢复
Di-liu Fence　Shengtai Baohu yu Huifu

福建省高速公路建设总指挥部　组织编写

人民交通出版社

北京

内 容 提 要

本书为《福建省高速公路施工标准化管理指南 第六分册 生态保护与恢复》，系在现行高速公路生态保护、恢复等相关标准、规范基础上，总结福建省多年来高速公路生态保护与恢复实践经验编制而成。本书图文并茂地对生态保护、生态恢复、绿化品种与配置、绿化种植及管养、安全生产与文明施工进行说明，将规范化管理、标准化施工的理念贯穿于施工管理全过程。本书对于规范高速公路生态保护与恢复工程施工，提高管理水平，保证施工质量和安全生产有很好的指导作用。

本书适用于福建省所有在建、新建、改(扩)建高速公路项目，以及新增独立互通和出入口工程(含连接线)的生态保护与恢复工程施工，也可供其他省份相关管理与技术人员参考使用。

图书在版编目(CIP)数据

福建省高速公路施工标准化管理指南. 第六分册, 生态保护与恢复 / 福建省高速公路建设总指挥部组织编写. — 北京：人民交通出版社股份有限公司，2024.12.
ISBN 978-7-114-20049-6

Ⅰ. U415.1-62

中国国家版本馆 CIP 数据核字第 202528VY86 号

福建省高速公路施工标准化管理系列指南
书　　名：福建省高速公路施工标准化管理指南　第六分册　生态保护与恢复
著　作　者：福建省高速公路建设总指挥部
责任编辑：师静圆　朱伟康
责任校对：赵媛媛　魏佳宁
责任印制：张　凯
出版发行：人民交通出版社
地　　址：(100011)北京市朝阳区安定门外外馆斜街3号
网　　址：http://www.ccpcl.com.cn
销售电话：(010)85285857
总　经　销：人民交通出版社发行部
经　　销：各地新华书店
印　　刷：北京市密东印刷有限公司
开　　本：880×1230　1/16
印　　张：6
字　　数：135千
版　　次：2024年12月　第1版
印　　次：2024年12月　第1次印刷
书　　号：ISBN 978-7-114-20049-6
定　　价：60.00元

(有印刷、装订质量问题的图书，由本社负责调换)

福建省高速公路施工标准化管理系列指南

编 委 会

主　　任：陈岳峰

副 主 任：潘向阳　陈礼彪

委　　员：许文章　蒋建新　黄朝光

本书编写人员

主　　编：陈礼彪

副 主 编：刘光东　林志平

参编人员：姜雪亮　高晓影　林继彪　许　晟

　　　　　刘代文　施燕秒　谢小毓　谢常川

主编单位：福建省高速公路建设总指挥部

　　　　　福建省高速公路集团有限公司

参编单位：福建省高速公路学会

前　言

2013年12月，我部组织对"福建省高速公路标准化管理系列指南"进行了第一次修编，各参建单位通过近十年的认真贯彻和执行，取得了较好的成效，有效控制了工程质量安全，提高了建设管理水平。党的十八大以来，党中央提出贯彻"创新、协调、绿色、开放、共享"五大发展理念，我国进入了高质量发展的新阶段。《交通强国建设纲要》《质量强国建设纲要》《国家综合立体交通网规划纲要》的陆续发布，开启了我国交通运输建设的新篇章。福建省也积极响应，全力开展交通强国先行区建设。根据福建省委、省政府发布的《福建省综合立体交通网规划纲要》，未来一段时间福建省高速公路将进入新一轮的建设高峰。为更好地贯彻落实交通强国、质量强国的要求，把握新发展阶段，贯彻新发展理念，构建新发展格局，全方位推动福建省高质量发展，更好地"服务发展、服务民生、服务国防建设"，推动福建省高速公路建设向更高速度、更高水平、更高质量发展，我部组织对"福建省高速公路标准化管理系列指南"进行了第二次修编。

本次修编是在近十年"福建省高速公路标准化管理系列指南"使用的基础上，针对使用过程中存在的问题和不足，结合最新的标准、规范、规程，以及交通运输部关于创建绿色公路、平安百年品质工程等工作要求，吸纳已广泛应用的新技术、新工艺、新材料、新设备等和其他省（区、市），以及铁路、市政、建筑等行业可借鉴的经验做法，体现了新时代福建省高速公路建设管理"标准化、均质化、工业化、智能化、绿色化"的具体要求。修编后的"福建省高速公路施工标准化管理系列指南"共七个分册，包括工地建设、路基工程、路面工程及交通安全设施、桥梁工程、隧道工程、生态保护与恢复、工程信息化管理。

本书为第六分册"生态保护与恢复"，按照"增绿提质、裸地绿化、间绿透绿、显山露水、美化亮化"的思路，围绕"绿化、美化、花化、彩化、亮化"的要求，强调"因地制宜"合理选择生态保护、生态恢复的具体措施、绿化品种配置、施工管养要点和安全文明施工，并图文并茂地对常用绿化植物、生态恢复施工工序、技术、工艺、管理和植物常见病虫害进行说明，进一步规范了生态保护与恢复的要求，提高施工管理水平，确保施工质量。

相比于《福建省高速公路施工标准化管理指南：边坡生态恢复》，本次修订的主要内容包括：

（1）对原指南章节进行了调整：将原指南第3章"一般绿化施工"调整并入第3章

"生态恢复"。

（2）新增了"生态保护""绿化品种与配置""绿化种植及管养""安全文明施工"等章节内容。

（3）附录删除了"各区各工法种子选择参考表""福建移植容器苗通用表""福建Ⅰ区、Ⅱ区、Ⅲ区、Ⅳ区可另选容器苗表"，新增了"常用植物、灌木、攀援植物一览表""常见病、虫害及防治方法一览表""常用绿化植物图示"等内容。

（4）对各章节内容重新进行了梳理、归并和修改。

本指南可供高速公路项目各参建单位、参建人员使用。使用过程中发现的问题和修改意见，请反馈至福建省高速公路建设总指挥部建设管理部（福州市东水路18号交通综合大楼21F，邮编350001），以便修订时参考。

福建省高速公路建设总指挥部

2024年12月

目 录

1 总则 ··· 1
   1.1 目的及范围 ·· 1
   1.2 编制依据 ·· 1
   1.3 总体要求 ·· 1
   1.4 章节划分 ·· 2

2 生态保护 ·· 3
   2.1 一般规定 ·· 3
   2.2 施工准备 ·· 3
   2.3 施工要点 ·· 3

3 生态恢复 ·· 5
   3.1 一般规定 ·· 5
   3.2 施工准备 ·· 5
   3.3 施工要点 ·· 6

4 绿化品种与配置 ·· 12
   4.1 一般规定 ·· 12
   4.2 施工准备 ·· 12
   4.3 施工要点 ·· 12

5 绿化种植及管养 ·· 15
   5.1 一般规定 ·· 15
   5.2 施工准备 ·· 15
   5.3 施工要点 ·· 16
   5.4 工程验收与移交 ··· 22

6 安全生产与文明施工 ··· 23
   6.1 安全生产注意事项 ··· 23
   6.2 文明施工注意事项 ··· 25

附录 A	福建省高速公路建设项目绿化工程苗木推荐清单	26
附录 B	常用植物一览表	28
附录 C	常用灌木一览表	39
附录 D	常用攀援植物一览表	45
附录 E	常见病害及防治方法一览表	47
附录 F	常见虫害及防治方法一览表	59
附录 G	常用绿化植物图示	74
附录 H	常用种子习性及用法一览表	82

1 总则

1.1 目的及范围

1.1.1 为践行绿色发展新理念,规范高速公路生态保护与恢复工程施工,提高管理水平,保证施工质量,编制本指南。

1.1.2 本指南适用于福建省所有在建、新建、改(扩)建高速公路项目,以及新增独立互通和出入口工程(含连接线)的生态保护与恢复工程施工。

1.2 编制依据

1.2.1 《交通强国建设纲要》《质量强国建设纲要》《国家综合立体交通网规划纲要》《福建省综合立体交通网规划纲要》和交通运输部绿色公路、品质工程指导意见及最新相关要求。

1.2.2 国家、工程建设标准化协会、交通运输部等工程建设标准主管部门发布的与生态保护与恢复工程施工相关的文件、标准、规范、规程和指南等。

1.2.3 福建省颁布施行的相关文件、规定,以及近年来福建省高速公路建设过程中好的经验、措施、做法等。

1.2.4 已广泛应用的新技术、新工艺、新材料、新设备等和其他省(区、市),以及铁路、市政、建筑等行业可借鉴的经验做法等。

1.2.5 生态保护与恢复工程施工除应符合本指南外,尚应符合国家和行业现行有关标准、规范的规定。

1.3 总体要求

1.3.1 应贯彻新发展理念,严格遵守国家土地管理、水土保持、环境保护、生态保护、资源利用、能源利用、循环经济等有关法律法规,合理利用资源和能源,强化施工过程管控,提升绿化景观效果,为建设绿色公路、品质工程提供保障。

1.3.2 总体要求应坚持以下原则:

1　坚持保护优先、生态恢复。人工修复与自然恢复相结合,最大程度保护高速公路沿线的原地形地貌,把高速公路建设对生态、水环境、声环境的不利影响降低到最小程度,着力提高生态系统自我修复能力和稳定性。

2　坚持因地制宜、适地适绿。科学选择绿化苗木品种,积极选用乡土及有多重效益的树种草种,"宜乔则乔、宜灌则灌、宜草则草",构建健康稳定的生态系统。

3　坚持适时适种、集约节约。统筹考虑生态合理性和经济可行性,合理安排种植时间,尽快恢复生长势,形成"四季常绿、四季有花、错落有致、层次分明"的绿色景观。

1.4　章节划分

本指南共设 6 章,分别为总则、生态保护、生态恢复、绿化品种与配置、绿化种植及管养、安全生产与文明施工。

2 生态保护

2.1 一般规定

2.1.1 施工单位进场后应立即进行现场考察,收集气象、水文、地质及植被等资料,结合工程的主要分项及特点,落实并保护沿线边坡、取(弃)土场生态保护等工作。

2.1.2 施工期间应加强取(弃)土场恢复,加强生活污水、施工污水排放管理,减少水体污染;做好工程完工后生态的恢复工作,避免因植被破坏、水土流失、水质污染等带来的不利影响。

2.1.3 生态保护作业均应安排专业化队伍进行施工,施工前应制定详细的实施性施工组织计划,及时配备相应生产要素,满足施工需要。

2.1.4 施工前应根据施工方案建立健全安全生产管理体系和应急预案,严格执行安全操作规程,确保施工作业人员的安全及健康。

2.2 施工准备

2.2.1 施工前应对沿线各类污染源进行充分调查,制定相关保护措施,上报相应管理部门。

2.2.2 施工前,各类污染源的现场检测、监测机具及材料应配备到位。

2.3 施工要点

2.3.1 水源保护工程主要施工要点如下:
    1 施工期应严格控制临河路段的开挖线、土石方开采和运输等工程,做好监督和管理工作,避免污染水体。
    2 桥梁桩基、隧道等现场施工,应根据相关要求修建临时排水沟、沉砂池及油水分离池、收集池等,采取集中收集方式,禁止直接外排,处理后的中水宜二次利用或用于洒水降尘,收集的泥饼等宜用于生态砌块或绿化。

3 施工工区、集中场站等临时设施生活污水处理后,水质应满足现行《污水综合排放标准》(GB 8978)的要求。

4 水源地保护区禁止设置临时设施[如拌和站、预制场、物料堆、取(弃)土场等]。施工产生的废弃物严禁倾倒或抛入水体。施工机械应进行不定期检查,防止油料泄漏。

2.3.2 声音保护工程主要施工要点如下:

1 施工期应选用施工噪声小的机械设备,减少噪声来源。

2 施工期应合理安排施工进度和时间,做到文明施工、环保施工,并采取必要的噪声控制措施,如控制车速、加强设备维护、噪声监控及降噪等措施。

2.3.3 气体保护工程主要施工要点如下:

1 施工期应对产生的粉尘、沥青烟、有毒有害气体等污染物加强监测,制定相应应急措施。

2 施工期应采用密封性能良好、除尘效率高的拌和设备,有条件的项目宜购置环保型拌和设备。施工路段、施工便道、集中场站等应定期洒水,防止扬尘污染环境。

3 施工现场的机械设备、车辆的尾气排放应符合国家环保排放标准的要求。

2.3.4 土方保护工程主要施工要点如下:

1 满足绿化种植的清表土按照"就近堆放、就近利用"的原则,宜在征地范围内单独设置堆放场,积极有效保护并充分利用。

2 储存的清表土宜用于沿线绿化、临时用地复垦、当地村民农田改造以及地方政府土地整治等。

2.3.5 固体保护工程主要施工要点如下:

1 施工期固体废物(如废弃土石方、建筑垃圾、施工钻渣和泥浆、机械油污及生活垃圾等),应集中无害处理。

2 对收集、储存、运输、处置固体废物的设施、设备和场所,应当加强管理和维护,保证其正常运行和使用。

3 生态恢复

3.1 一般规定

3.1.1 临时占地应避免设在耕地集中区内,严禁在水源保护区、基本农田保护区、自然保护区范围内设置各类临时工程,应严格控制各类临时工程用地数量。临时用地应在建设期内及时完成生态恢复。

3.1.2 施工完成后应采取多种措施对临时占地进行恢复,恢复时应尽量保持原有功能,做好植被养护管理和移交工作。通车前,建设单位宜组织对取(弃)土场、临时用地复绿进行专项验收。

3.1.3 边坡绿化工程应与边坡开挖同步,开挖一级、防护一级、绿化一级。路槽交验前,施工单位应完成上、下边坡绿化和碎落台、分离式中分带回填土,并达到设计高程。

3.1.4 不同边坡、地形及地表,可采用 TBS 植草灌防护、CF 网喷草灌、客土喷播、CS 混合纤维喷灌等不同工艺进行生态修复。采用喷播工艺时,喷播黏土级配应专项设计并进行首例分析。

3.2 施工准备

3.2.1 施工前应进行图纸会审、技术交底等工作。发现施工图存在缺陷时,应及时提出建议,加以改进,使工程质量事前得到控制。

3.2.2 施工前应按照设计图对现场的坡度、坡形、高程进行复测,进场时应编制测量控制方案。

3.2.3 施工前应对构造物、管网、地形地貌、土质、土源、水源、施工场地、施工便道、物种、气象资料及红线范围等展开详细调查。

3.2.4 施工前现场使用的机具及材料等应配备到位。

3.3 施工要点

3.3.1 不同边坡恢复施工技术适用范围、材料组成、主要特点、工序流程、管护要求等要点如下：

1 厚层基材喷播(TBS植草灌防护)生态修复技术：

1)适用范围：边坡坡率缓于1∶0.3的框架内土石混合边坡、贫瘠土质边坡、风化岩质边坡，坡面较平整的边坡坡率介于1∶0.3~1∶1.0的微风化岩石、弱风化岩石、碎块状强风化岩石和软质岩路堑边坡防护。

2)材料组成：主要由植生基质、锚杆(钉)、铁丝网组成。

3)主要特点：采用镀锌铁丝网(土工合成网)和锚杆锚固，抗拉力大，可有效防止崩塌和碎石掉落；宜采用湿喷法施工，以植壤土(宜选用黏性红土或黄土)为主的喷混基材厚度达10cm左右，保障植被快速成型及生态稳定。

4)工序流程如图3.3.1-1所示。

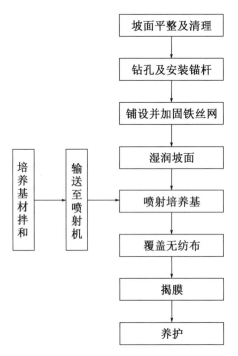

图3.3.1-1 TBS植草灌防护施工工序

TBS植草灌防护施工喷射尽可能从正面进行，并确保坡面无漏喷。共分两次喷射，第一层喷射不含种子的培养基材，厚度为总厚度减2cm；第二层喷射含种子的培养基材，喷射厚度为2cm，喷头喷射时距坡面距离宜为1.5m左右，垂直坡面喷射。喷射厚层基材后，铁丝网上基材应确保2~3cm厚。无纺布以30g/m²为宜，覆盖时用双竹筷进行固定，固定间距宜在100~200cm之间。

5)管护要求：土壤必须保持湿润。非雨天、温度不高时，每天早晨浇水1次；天气炎热时，早晚浇水各1次，随着植物逐渐长大，可适当减少浇水次数，并随降水情况实时调整，浇水时宜将水滴雾化。应注意观察种子发芽和生长情况，喷播完成20d后，应检查植物护坡情况,对生长明显不均匀的位置予以补播。

2 高次团粒喷播(CS混合纤维喷灌)生态修复技术:

1)适用范围:边坡坡率在1:0.2~1:1的各类岩质、岩质破碎路堑边坡,对坡面平整度无特别要求。

2)材料组成:主要以自然土为主体的絮凝结构客土层、锚杆(钉)、铁丝网组成。

3)主要特点:泥浆通过在喷射枪口与团粒剂浆液充分混合发生化学反应,形成高次团粒絮凝泥块,具有较好的保水性、透水性、透气性,适合植物生长,可防止水土流失,一般2~3年可初步形成期望的植物群落。

4)工序流程如图3.3.1-2所示。

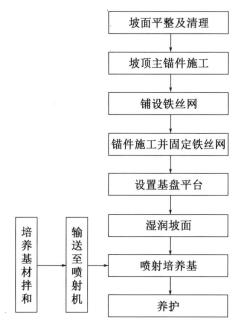

图3.3.1-2 CS混合纤维喷灌施工工序

CS混合纤维喷灌防护施工喷射尽可能从正面进行,避免仰喷,并确保坡面无漏喷。喷射厚度尽可能均匀,但在植生条件好的地方可适当喷薄,条件差一些的地方喷厚。共分三次喷射,第一层喷射不含种子的培养基材,厚度为3~4cm;再喷3~4cm厚的中层基材混合物,最后喷2cm含种子的面层基材混合物。喷射完后,铁丝网被基材覆盖的面积应不小于70%。

5)管护要求:阳坡蒸发量较大,应及时挂遮阳网和无纺布;阴坡蒸发量较小,可只挂单层遮阳网。遮阳网可悬于边坡之上,遮阳面积应不小于喷播面积的80%,悬网应不影响浇水。

3 高陡边坡V形种植槽生态修复技术:

1)适用范围:主要适用于陡峭(边坡坡度70°~85°)的岩质坡面绿化。

2)材料组成:主要由锚杆、种植槽组成。

3)主要特点:利用工程锚杆固定和钢筋混凝土梁板形成种植槽,在槽内种植乔灌木及爬藤类植物。

4)工序流程如图 3.3.1-3 所示。

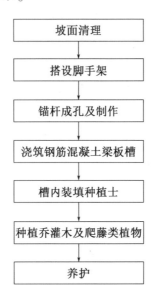

图 3.3.1-3　高陡边坡 V 形种植槽施工工序

4　植生袋护坡生态修复技术：

1)适用范围：适用坡率不陡于 1∶0.75 的边坡，常用于各类边坡陡直坡脚的挡墙或结合框格梁、主动防护网、镀锌铁丝网、格栅网等进行植被恢复。

2)主要特点：施工铺设简便、质量轻便，草种成活率高、分布均匀，无须再次喷洒草种。

3)工序流程如图 3.3.1-4 所示。

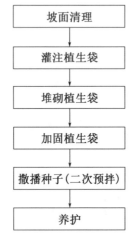

图 3.3.1-4　植生袋护坡施工工序

5　生态袋柔性护坡修复技术：

1)适用范围：边坡坡率不陡于 1∶0.3 的边坡。

2)主要特点：就地取材，节约资源，逐个铺设码放。袋体与袋体之间采用生态袋专用固定扣进行连接，柔性结构对基础变形的适应性较好，生态袋与坡面间可采用钢筋锚杆固定。

3）工序流程如图 3.3.1-5 所示。

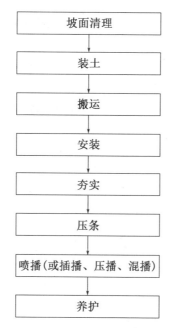

图 3.3.1-5　生态袋柔性护坡施工工序

6　客土喷播（客土喷草植灌防护）生态修复技术：

1）适用范围：边坡坡率缓于 1∶0.75 的填方路基边坡。

2）主要特点：针对贫瘠且不易冲刷的填方路堤边坡，通过加入由种植土、有机质、纤维料、肥料等配成的专业客土基材，有利于植物正常生长。

3）工序流程如图 3.3.1-6 所示。

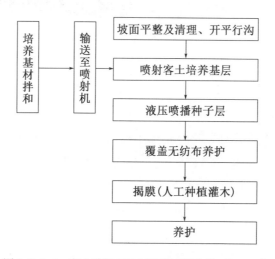

图 3.3.1-6　客土喷播（客土喷草植灌防护）施工工序

7　CF 网喷草灌生态修复技术：

1）适用范围：边坡坡率缓于 1∶0.75 的土质或土夹石路堑边坡。

2）主要特点：针对非常贫瘠且易冲刷的土质或者土夹石边坡，通过加入由种植土、有机质、纤维料、肥料等配成的专业客土基材，可为灌木提供正常生长的有效基质，同时表层加设 CF 网，有利于保持基材和种子不流失。

3)工序流程如图 3.3.1-7 所示,边坡恢复案例如图 3.3.1-8 所示。

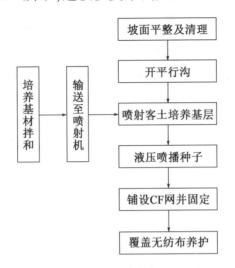

图 3.3.1-7　CF 网喷草灌施工工序

图 3.3.1-8　边坡恢复案例示意图

3.3.2　取(弃)土场宜在停用后 3~6 个月内完成绿化、防护工作,主要施工要点如下:

1　宜采用乔灌相结合的方式进行植被恢复,尽量采用原植物品种,以提高成活率,与周边形成良好融合。无高速公路视觉要求的地块可考虑选用袋装苗。

2　取土场选取的植物应以改良土壤品质较快的植物为主;弃土场应根据土壤肥力情况选择植物品种,当肥力较低时可采取撒草籽与乔灌结合的方式,以提升恢复效果。

3　以石方为主的弃土场,覆土厚度应不小于 80cm,以满足植被恢复条件。

4　取(弃)土场的恢复,宜与当地发展、土地开发、生态保护等规划有效衔接,实现资源利用的最大化。

取土场重建新村案例如图 3.3.2-1 所示,弃土场恢复案例如图 3.3.2-2 所示。

图 3.3.2-1 取土场重建新村案例示意图　　　图 3.3.2-2 弃土场恢复案例示意图

3.3.3 施工便道用完后应结合当地生产、生活情况，及时恢复地貌和植被，利用既有道路作为施工便道的，应结合地方交通出行要求进行永临结合，如图 3.3.3 所示，完工修复后移交属地管养。

图 3.3.3　施工便道与当地道路相结合案例示意图

3.3.4 对大桥、特大桥等桥下恢复工程，施工中应保护原有植被，施工结束后宜在 3～6 个月内完成复绿，如图 3.3.4-1 所示。城市、集镇周边区域，宜探索利用桥下空间发展并提供公共服务的基础设施，如图 3.3.4-2 所示。

图 3.3.4-1 桥下复绿案例示意图　　　图 3.3.4-2 桥下空间利用案例示意图

3.3.5 临时用地宜在使用结束后，按照要求的复垦时间和复垦方案进行恢复。

4 绿化品种与配置

4.1 一般规定

4.1.1 绿化品种选择遵循"因地制宜、适地适树"的原则，优先选择乡土树种，综合考虑功能性（防护、固坡、防眩、除尘、消除噪声、减缓疲劳等）、经济性（生长慢且耐修剪、耐干旱瘠薄、耐粗放管理、观赏效果长期性、养护措施简单化等）等因素选择绿化植物。

4.1.2 绿化品种一般推荐使用袋装苗或假植苗，少用地苗，不用裸根苗。攀援植物宜选择枝条充实、丰满、生长健壮，苗龄 2 年生以上的苗木。

4.1.3 绿化品种配置应了解所在地区的相关环境特征，掌握植物生长规律，进行合理配置，有效提升绿化苗木的成活率，并保证绿化景观整体的观赏效果。

4.2 施工准备

4.2.1 施工前应对设计品种进行市场充分调查，优先采用本指南附录 A 推荐清单的苗木制作品种选用表，并报备监理、建设单位。

4.2.2 施工前应进行图纸会审、技术交底，调查土源和土质等前期准备工作。应结合项目的经纬度、海拔高程，确认气候主要参数，核查植物品种设计配置的适应性。

4.2.3 施工前应按照设计图对绿化现场的实际地形进行复测，现场与设计图存在较大偏差的应及时反馈设计单位进行复勘和校准，及时调整设计。

4.2.4 施工前应对构造物、管网、地形地貌、土质、土源及红线范围等展开详细调查。路侧绿化施工应核对交通安全设施、机电三大系统设计，建设单位应统筹合理安排各专业施工工序，避免施工反复。

4.3 施工要点

4.3.1 中央分隔带绿化施工要点如下：

1 中央分隔带应以防眩、视线诱导为主要目的,做到线形顺适、株形饱满、高度不低于1.8m;合理配植不同色彩的苗木,以大型构造物为界,每隔5~10km交替搭配,做到"一路一景"。

2 中央分隔带绿化苗木应选择少修剪、抗逆性强的冠幅饱满植物进行列植,种植以常绿灌木为主,且宜种植不同色叶的灌木。混凝土护栏路段宜种植常绿及色叶小灌木,如金森女贞、红叶石楠、红花檵木、洒金柏等;靠近服务区或互通区前后路段,宜间植开花灌木三角梅或套种紫花马缨丹等,增加花化、彩化等景观效果;波形护栏路段宜种植冠幅饱满的灌木,如塔柏、红叶石楠、无刺构骨球、非洲茉莉柱、黄金榕、青叶扶桑等,提高防眩功能;分离式路基、隧道进出口等局部路段宜配置开花小灌木,如红千层、巴西野牡丹、翠芦莉等,丰富景观层次。

3 中央分隔带应根据不同宽度采用不同绿化形式,宽度不大于3m宜采用规则式种植,宽度大于3m宜采用自然式种植。

4.3.2 路堤边坡绿化施工要点如下:

1 对路外山水田园、乡村风貌较好路段,在路堤两侧路肩及其以下2m高度范围内至少种植一排低矮灌木,做到显山露水。

2 对路外景观、乡村风貌较差路段,在路堤两侧路肩及其以下2m高度范围内至少种植一排乔木或高大灌木,做到遮挡路外。

4.3.3 路堑边坡绿化施工要点如下:

1 路堑绿化苗木应选择生长较慢、木质致密、冠幅较小的乔木类树种。

2 碎落台应灌乔结合、交替搭配,做到绿植连续整齐、长势良好、株距均匀。坡脚石质碎落台宜采用种植池(槽)绿化,种植池(槽)应设置排水孔。

3 土质边坡应两端圆顺不露白,乔灌间种稳山体,与周边山体环境相协调;岩质边坡(含挡墙等刚性防护坡面)应采用坡脚攀援、坡顶垂吊、碎落台大灌木或乔木遮挡,至少一级边坡不露白。

4.3.4 隧道进出口绿化施工要点如下:

1 隧道进出口应充分利用空地,营造景观微地形,群落式种植。以粗放型植物为主,合理搭配,临近路侧宜采用开花灌木,远处应采用常绿乔木。应合理配置地被植物,不宜采用娇贵植物,原则上应控制在总面积的5%以内。

2 隧道进出口转向车道绿化应结合隧道洞门形式及周边植被情况,采用乔灌木搭配开花灌木配植,形成高低错落的绿化层次和季相分明的景观效果。

3 隧道进出口种植的绿化苗木,不得遮挡洞口交通标志,如图4.3.4所示。

图 4.3.4 隧道进出口绿化示意图

4.3.5 互通区绿化施工要点如下：

1 互通区绿化应尽量保留原有的植被，对突兀的、阻挡景观视觉的区域予以清除，做好绿化区域内的地形整理，形成不同层次的地形肌理，满足景观视觉需求。

2 苗木种植宜采用片植不同季相的乔木，做到"一互通一景色"。在较温暖湿润气候地区宜选用黄花风铃木、羊蹄甲、红花紫荆、菩提榕、异木棉等冠幅饱满，色叶丰茂的植物；在靠近滨海地区宜选用台湾相思、木麻黄、南洋杉等抗风性强的植物；在气候较寒冷地区宜选用银杏、鸡爪槭、朴树、乌桕等彩色叶植物。

3 空旷区域宜采用高大乔木与地被结合的配置方式，起到一定的障景和引导作用。

4 匝道与主线之间的三角区应以低矮灌木或地被植物为主，避免遮挡视线。

4.3.6 服务区及收费站场站绿化施工要点如下：

1 场站绿化应与房建设计风格相协调，结合当地历史人文元素和高速公路企业文化要求合理配置、适当造景，可与灯光亮化工程综合考虑。

2 场站主线两侧绿化宜多排列种植高大乔木，配置组团灌木球类形成阻隔空间，增植花叶植物以丰富景观，形成特色花海景致。停车场地宜种植高大且冠幅宽大的乔木提供庇荫。

3 收费站场地绿化应结合生态所站建设要求，适当扩展休闲空间。

5 绿化种植及管养

5.1 一般规定

5.1.1 绿化种植施工前,建设单位、监理单位应督促路基施工单位及时进行绿化种植场地核验,并向路面施工单位移交核验合格的绿化工作面。

5.1.2 绿化回填土应优先使用路基储存的清表土,采用腐殖土等较肥沃土质,贫瘠土壤经改良后可用于绿化回填。填土深度应符合设计要求。

5.1.3 绿化种植宜合理安排种植时间,一般在春季 3—4 月或秋季小阳春进行种植,反季节种植应采取相应保活措施。

5.1.4 绿化种植应合理安排各类苗木进场时间,原则上当天到场、当天种植完成,保证苗木存活率。

5.1.5 绿化苗木进场前应提前报请监理工程师检查验收,非检疫对象的病虫害危害程度或危害痕迹不得超过树体的 5%~10%,外省调运苗木应提供苗木检疫证,苗木验收合格后应现场签认,签认后方可组织施工。

5.1.6 绿化养护期一般为主体工程交工验收后 2 年,养护期内应制定详细的养护计划,加强绿化养护,根据不同苗木生长特性,定期浇水、修剪,及时清除杂草,防治病虫害,确保绿化效果。

5.2 施工准备

5.2.1 施工前现场使用的工具车、洒水车、养护机具及材料等应配备到位,施工机械应由专人操作,特种作业机械操作人员必须持证上岗。

5.2.2 施工前应按照设计文件测量放样、回填种植土,堆坡塑形,去除杂物,平整度和坡度应符合设计要求。

5.2.3 施工前应按照设计文件准确进行定点放样、树穴开挖等前期准备工作。

5.2.4 苗木到场后,监理工程师应及时对苗木品种及树形、冠幅、土球等进行测量并记录,不合格苗木应清退出场。

5.3 施工要点

5.3.1 土壤施工要点如下:

1 应对现场使用的种植土进行土壤检测,并达到园林栽植土质量要求。施工前应将检测结果及改良方案提交建设单位、监理工程师,得到书面确认后方可施工。

2 土壤应疏松湿润,排水良好,pH 值宜为 5~7,含有机质的肥沃土壤,不得含有强酸性物质、盐土、重黏土、砂砾等。不应直接使用污泥、淤泥。

3 植物生长种植土层厚度要求如表 5.3.1 所示。

表 5.3.1 绿化种植土壤有效土层厚度要求

植被类型		有效土层厚度(cm)
乔木	深根	≥200
	浅根	≥100
灌木和藤本	大、中灌木、大藤本	≥90
	小灌木、小藤本	≥45
竹类	大径	≥90
	中、小径	≥50
多年生花卉		≥40
草坪草和 1~2 年生花卉		≥30

4 土壤可通过化学、物理、生物、施用有机肥等措施进行改良。对重盐碱、重黏土地应采取相应的排盐及渗水措施,营造良好的植物生长土壤环境。

5.3.2 乔灌木种植及管养施工要点如下:

1 乔灌木种植:

1)苗木的质量标准:

(1)乔木:树干应挺直,无明显弯曲(设计特殊要求除外),树皮无开裂和未愈合的机械损伤。树高、干径、冠径、定干高度均应符合设计要求,主枝不少于 3 支,且枝长不小于 60cm;全冠苗树冠应完整丰满,枝条分布均匀,冠径最大值与最小值的比值宜小于 1.5,叶色正常,根系发育良好。

(2)灌木:自然式灌木应根系发达,生长苗壮,叶色正常,灌丛丰满,主侧枝分布均匀,主枝数不少于 5 支,灌高应有 3 支以上的主枝符合设计要求。整形式灌木应冠形匀称呈规则式,枝叶茂密,无明显空洞,根系完好。

(3)绿篱苗:苗木应灌丛匀称,枝叶茂密,叶色正常,干下部枝叶无光秃,根系发达。苗龄宜为2年生以上。

(4)棕榈科植物:直立性单干型植株,茎干直立,树冠完整,叶色正常,树干无未愈合的机械损伤,顶芽完好无损,根系发达;丛生型植株应根系发达,生长苗壮,叶色正常,株形匀称,枝条分布合理。

(5)竹类植物:宜以生长苗壮的2~3年生竹苗。混生竹每丛应具有2支以上竹秆,根盘应完整。

(6)花卉、地被植物:1~2年生花卉,株高一般为10~50cm,冠径为15~35cm,分枝不少于3支,植株健壮,色泽明亮。宿根花卉,根系应完整,无腐烂变质。球根花卉应苗壮,无损伤,幼芽饱满。观叶植物,叶片分布均匀,叶簇丰满,排列整齐,形状完好,色泽正常。同一品种株高、花色、冠径、花期等无明显差异。

2)苗木的栽种:苗木的栽种包含"十步骤":放样定位——挖种植穴、槽——回填种植土及下底肥——种植修剪——放苗定植——搭支撑架——围堰——树干缠绕——浇定根水——喷药。

(1)放样定位。按照图纸规定的株距行距,在种植穴中心点打上竹签或者木桩,用白灰标出相应规格树木的圆形种植穴边线,注意放样起点定位准确,以免影响整体株行距。树木定点遇有障碍物影响的,应及时沟通监理单位,进行适当调整。

(2)整地挖穴。施工现场应无直径大于3cm的砖(石)块、宿根性杂草、树根及其他有害物。种植穴开挖应垂直下掘、上下口径相等,切忌挖成上大下小的锥形或锅底形,在斜坡挖穴、槽应采取鱼鳞穴和水平条的方法。种植穴的规格应根据树苗大小和土球情况共同决定。对排水不良种植穴,可在穴底铺10~15cm砂砾或者铺设渗水管等,以利排水,或放置透气管利于乔木根系生长,并在养护过程中用于检查是否存在积水。种植穴和土球的规格可参考表5.3.2-1~表5.3.2-6。

表5.3.2-1 种植穴规格(cm)

植物种类	种植穴直径	种植穴深度
乔、灌木	大于土球或根幅直径30~50	大于土球或根幅厚度30~40
棕榈科植物	大于土球直径50~60	大于土球厚度30~40
竹类植物	大于土球或根盘直径40~50	大于土球或根盘厚度20~30

表5.3.2-2 绿篱类种植槽规格(cm)

苗木高度	单行(深×宽)	双行(深×宽)
30~50	30×40	40×60
50~80	40×40	40×60
80~120	50×50	50×70
120~150	60×60	60×80
150~200	70×80	80×100

表 5.3.2-3　乔木带土球或裸根根幅规格（cm）

胸径	土球（根幅）直径	土球厚度	裸根根幅厚度	备注
<6	30~40	20~30	25~30	（1）常绿乔木带土球,落叶乔木带护心土,特殊树种直根系很明显,根幅厚度及土球深度应做适当调整,如:枫香、桃花心木、香樟、杉类、柏类植物; （2）带有粗壮的落地气生根树种,如榕属的土球规格,应与其落地气生根综合考虑
6~8	40~50	30~40	30~35	
8~10	50~60	40~45	35~40	
10~12	60~70	45~50	40~45	
12~15	70~80	50~60	50~60	
>15	80以上	60以上	60以上	

表 5.3.2-4　灌木带土球或裸根根幅规格（cm）

冠径	土球（根幅）直径	土球厚度	裸根根幅厚度	备注
40~60	20~30	20~25	15~20	常绿灌木带土球,落叶灌木带护心土
61~80	30~40	25~30	20~25	
81~100	40~50	35~40	25~30	
101~120	50~60	40~50	30~35	
121~140	60~70	50~60	35~40	
141~160	70~80	55~65	40~45	
161~180	80~90	65~70	45~50	
180以上	90以上	70以上	50以上	

表 5.3.2-5　单干型棕榈科植物带土球规格（cm）

地径（头径）	土球直径	土球厚度	备注
≤20	35~45	30~40	棕榈科植物根系受损后恢复较慢,应适当加大土球规格,尤其是厚度,土球呈圆柱状
21~30	50~60	45~50	
31~35	65~70	50~60	
36~40	75~80	60~70	
41~45	85~90	70~80	
46~50	95~100	80~90	
51~55	105~110	90~100	
56~60	115~120	100~110	
60以上	120以上	110以上	

表 5.3.2-6　丛生型棕榈科（苏铁科）植物带土球规格（cm）

自然高	土球直径	土球厚度	备注
<40	20~25	15~20	棕榈科、苏铁科植物根系受损后恢复较慢,应适当加大土球规格,尤其是厚度,土球呈圆柱状
40~100	25~40	20~30	
101~150	40~50	35~40	
151~200	50~60	45~50	

续上表

自然高	土球直径	土球厚度	备注
201~250	60~70	50~55	棕榈科、苏铁科植物根系受损后恢复较慢,应适当加大土球规格,尤其是厚度,土球呈圆柱状
251~300	70~80	55~60	
301~350	80~90	65~70	
351~400	90~100	70~75	
400以上	100以上	80以上	

(3)回填种植土及下底肥。应充分利用原土,若土质较差,则应及时清理原有贫瘠的土壤、砂石等,穴底应施入腐熟的有机肥作为基肥,按照"一层土一层肥"的原则进行回填,并层层踩实或拍实,最上层基肥应至少覆土5cm,具体施肥量可参考如下原则:

①乔木基肥施用量:胸径小于或等于10cm的,1~3kg/株;胸径大于10cm的,每增加10cm(以10cm为档距),在前一规格施用量的基础上增加50%。

②灌木基肥施用量:蓬径小于或等于100cm的,0.5~1kg/株;蓬径大于100cm的,每增加50cm(以50cm为档距),在前一规格施用量的基础上增加50%。

(4)种植修剪。在保证整体树形的前提下,剪除病虫枝、残枝、嫩枝芽以及花果、树干及根部萌蘖等,以利成活;规则式种植、绿篱、球类的修剪整形,线形应顺畅;造型树的造型应正确;修剪切口平整,留枝留梢留叶应正确,树形匀称;行道树分枝点以及树冠高度冠幅等应统一标准修剪。

(5)放苗定植。栽植前苗木按定点的标记放至穴(槽)内或穴(槽)边,行道树与道路平行散放。树木起吊后降至种植穴内,应由专人调整树冠面、间距,清除土球包裹物,对准后扶正稳住,覆土分层均匀填入。

(6)搭支撑架。苗木定植后应及时固定,防止因摇晃而伤根。乔木支撑宜采用杉木棍或钢管四脚支撑;乔木树高大于800cm、灌木树高大于500cm应采用钢丝绳软牵拉,支撑高度常绿树应为树高的2/3左右,落叶树应为树高的1/2左右。三角梅等灌木自带的支撑竹竿应保留并加强三脚支撑,与树干保持水平和直立。

(7)围堰。单株树木的围堰内径应不小于种植穴直径,绿篱、片植灌木应在略大于种植槽周围筑成围堰,围堰高度宜为10~15cm,围堰内边距土球边不小于6~10cm,圆形围堰应统一美观。

(8)树干缠绕。草绳或布条、土工布等包裹材料绕绑至树木脱杆处(最低分枝处),每次浇水时应浇湿缠绕物。

(9)浇定根水。苗木栽植后应及时浇透定根水。浇水不应导致根系裸露或围堰冲毁,宜采用水管缓流浇灌或在穴中放置缓冲垫,浇水后出现的树木倾斜,应及时扶正,并加以固定。浇灌后围堰有下沉或损坏的应补土以使围堰恢复完整。

(10)喷药。新植苗木定植一周后,应选择晴好天气统一对新植苗木采用广谱型杀虫及杀菌药剂进行全株喷洒,预防病虫害。

3)反季节种植保活措施:

(1)反季节栽植苗木时,应尽量选择适宜栽植的苗木,并以袋装苗、容器苗为首选。

(2)若不得不采用假植苗或者地苗,土球的体积应相应加大,一般土球直径宜为树木干径的8~9倍,运输过程中根部处应以湿草、薄膜等加以包扎和保湿。

(3)栽植前苗木应进行强修剪。无中心主枝的乔灌木,应以短截为主,疏剪为辅;具有中心主枝的乔木,中心主枝不得截除,应以疏剪为主,短截为辅。

(4)经过修剪的苗木应及时栽植。夏季栽植时间宜在上午10时前和下午16时后进行,冬季栽植时间宜在上午9时后和下午5时前。

(5)树木栽植时可施用保水剂、生根粉,保水剂、生根粉与栽植土拌匀后撒在树木根部周围,并分层捣实。

(6)树木栽植后,其树干和主枝应用草绳等物包裹,但不得影响树梢生长;树冠可喷抗蒸腾剂,减少水分流失。

(7)栽植后应立即浇透定根水,之后适时补水。浇水时宜对地面、叶面和树干喷水,并可在浇灌水中加入生长素,刺激新根生长,也可在树干直接挂瓶输入营养液等,提高成活率。

(8)在夏季栽植时,应对苗木进行遮荫、喷雾,避免强阳光直射,保持三级以下分支的枝干湿润。在冬季栽植时,应采取地面覆草,树侧设立风障,树冠遮盖薄膜等措施,保持土温和防止寒害。

(9)种植高大乔木或者全冠乔木可根据实际情况,利用特制的喷雾管和喷头设施全覆盖喷水保活。

2 乔灌木管养:

1)浇水:浇水量应根据不同品种按照"见干见湿、不干不浇、浇则浇透"的原则进行。夏季一般应安排在上午10时以前和下午15时以后,其他季节结合苗木生长情况适时浇水。雨季或暴雨后应及时排除树木周围积水。

2)施肥:应以有机肥为主,尽量少施化肥。施肥可分为基肥和追肥两种,基肥多选用有机肥、复合肥或有机无机螯合肥,施用的方法有穴施、环施和放射状沟施等。有机肥应充分发酵、化肥必须完全粉碎成粉状(颗粒型肥料除外),施肥后应及时适量浇水使肥料渗透,避免土壤溶液浓度过大。追肥宜使用缓释肥,可选用有根施肥和叶面追肥。不宜施用牛粪、石灰等呈碱性反应肥料(土壤过酸除外)。具体追肥量可参考如下原则:

乔木追肥施用量:胸径小于或等于10cm的,0.5~1kg/株;胸径大于10cm的,每增加10cm(以10cm为档距),在前一规格施用量的基础上增加50%。

灌木追肥施用量:蓬径小于或等于100cm的,0.15~0.5kg/株;蓬径大于100cm的,每增加50cm(以50cm为档距),在前一规格施用量的基础上增加50%。

3)光照:除部分品种种植时应注意乔灌木结合形成一定遮荫,大部分品种自然光照即可。

4)修剪:乔木修剪宜不少于2次/年,灌木修剪宜不少于3次/年,长势较快品种应视情况增加次数以维持绿化效果;3—4月,应对乔灌木部分下垂枝、枯枝、弱枝、过密枝、树干及根部萌蘖进行修剪；对生长势减弱的大树，其粗大的主枝应进行回缩修剪，以利恢复生长；对长势较旺的树应进行疏剪，尽量保持上下两层枝条错落分布。修剪的原则以不影响树形美观、生长要求为宜。11—12月，应对苗木进行较大幅度的整形修剪，纠正不良树形。

5）中耕松土、除草：乔灌木应经常性对树围进行松土除草。除草应坚持"除早、除小、除了"的原则，人工除草应将杂草连根拔除，化学除草不得使用对苗木构成伤害的除草剂。苗木生长季节，应加强松土频率，翻土深度以20~30cm为宜，随着树木冠幅增大可逐步扩大整穴范围。

6）病虫害防治：

（1）本着"预防为主、综合治理"的原则，多种防治措施并举，应充分利用和保护天敌等生物防治措施。

（2）根据病虫害发生规律进行防治，加强日常巡查，一旦发现病虫害，应立即治理。防治效果应达到95%以上。常见病虫害防治方法参考本指南附录E、附录F。

（3）治理时间。夏天高温季节，喷药时间应在上午10时之前和下午16时以后；春秋凉爽季节，应选择在上午10时以后下午14时之前；冬春季应选择晴暖天气的上午喷药。

7）苗木防护：

（1）防寒抗冻：

①施工时科学规范种植，后期宜加强水肥管理，控水、少施氮肥，增强其抗性。

②宜选大苗栽植，小苗、新植苗木至少连续2~3年进行防寒保护。具体做法如下：

a. 涂白防寒：在苗木的树干涂上熟石灰，乔木在离树头1.2m处刷白，灌木在离树头0.8m处刷白，也可采购成品园林涂白剂兑水喷涂或刷白。

b. 护干：多在入冬前进行，将新植树木或不耐寒品种的主干用草绳或麻袋片等缠绕或包裹起来，高度可在1.5~2m左右。

c. 树冠防寒：抗寒能力低的树种，应在冬季来临前，用保暖材料将树冠束缚后包扎等，待气温回升后再拆除。

d. 地面覆盖物防寒：对新移植的不耐寒的灌木，在根部铺撒锯末、秸秆等地面覆盖物，利于苗木越冬。

（2）防台风暴雨：新栽植树木的原有支撑应经常检查是否牢固，在台风来临前应及时加固或增设支撑，确保支撑有效，对迎风面过大的树冠应及时适当疏枝。台风过后，应及时抢救扶正倾倒树木，加固完善支撑，清理残枝和适当修剪树冠、断根等。台风及雨季期间要及时对苗木积水采取开挖排水沟或者围堰开口进行排涝。

（3）防高温干旱：持续高温干旱天气时，应加强灌溉，根据苗木的抗旱能力，适当疏剪部分枝叶，并对树冠及树干喷水；树穴周围为硬化地面应喷水降温。

5.3.3 攀援植物种植及管养施工要点如下：

1 攀援植物种植：应选择袋苗，在适宜气候种植、压实、浇足定根水。攀援植物种植初期，应考虑牵引措施。

2 攀援植物管养：

1）浇水：应保持土壤湿润，浇水次数视土壤湿润状况而定，浇水要见干见湿，切忌积水。夏季气温高，浇水应充足，同时要向附近地面上洒水，以提高空气湿度。秋季浇水应适当少些，以便控制营养生长，安全越冬。

2）施肥：生长期间应每月施1次追肥。开花攀援植物在进入花芽分化期，浇水宜减少一些，施肥应以磷肥为主。生长季节一般约2周左右施一次氮磷结合的稀薄液肥。孕蕾期追施1次以氮肥为主的液肥，以利开花和植株生长。

3）光照：在栽植初期适当遮荫外应保证苗木有足够的光照提高长势，最好选择光线好的地方栽种，促使植物快速生长。

4）修剪：可视情修剪整理不需要的枝蔓，以保持整洁、美观、方便。对一些老枝、弱枝等应及时剪除。开花藤本枝条在附属物体上长到一定高度时，需打顶，促使萌芽新枝，以利多开花。

5）松土除草：应定期对周边进行松土、除草。

6）病虫害防治：参照乔灌木病虫害防治。

5.4 工程验收与移交

5.4.1 建设单位应组织相关单位对工程进行中间检验、交工验收、竣工验收，验收标准应符合现行《公路绿化工程质量验收评定标准》(DB35/T 1092)及设计等其他相关要求。

5.4.2 施工单位应按照建设单位招标文件规定的养护期及养护要求进行日常养护，直至移交管养单位。

6 安全生产与文明施工

6.1 安全生产注意事项

6.1.1 喷播注意事项如下：
1 设备必须按要求操作。
2 持证上岗，禁止非操作人员进行操作。
3 喷播车上设备的周边扶栏必须装好，操作人员应正确穿戴安全绳并做好固定。
4 在喷播施工中车辆速度不应超过 10km/h。
5 设备在施工中出现问题，必须关机后进行检修。

6.1.2 高陡坡面施工注意事项如下：
1 施工前必须设立安全区域，每一道工序必须做好安全措施。
2 施工前必须有专门的安全员检查每一个安全工具。
3 坡面上施工人员必须在施工时成一横线，不得错乱施工。
4 安全绳索必须按规定固定牢固。
5 U形环扣和吊板必须连接好，环扣和安全绳索必须缠绕好。
6 在施工人员下坡前必须由专人检查后方可施工。
7 安全带必须按规定要求穿戴。
8 安全标志应放在明显位置，提醒往来行人和车辆注意安全。

6.1.3 大苗木种植安全施工注意事项如下：
1 大苗木种植使用起重机(吊车)时，起重机司机应持证上岗，严禁无证人员操作起重设备。
2 起吊较重苗木时，应先将重物吊离地面 10cm 左右，检查起重机的稳定性和制动器等是否灵活和有效，在确认正常的情况下方可继续工作。起吊苗木时，应先检查捆绑是否牢固，绳索经过有棱角、快口处应设衬垫，吊位重心应准确，避免产生扭、曲、沉、斜等现象。
3 起重机司机应服从指挥人员的信号指挥。操作前先鸣喇叭，当发现指挥信号不清或错误时，司机有权拒绝执行。工作中，司机对任何人发出的紧急停车信号，应立即服从。严禁苗木上站人，严禁苗木超过人顶，严禁一切人员在苗木下站立和通过。
4 苗木木箱入坑后，校正位置操作人员应在坑上部作业，不得立于坑内。树木落稳后,撤出钢丝绳,拆除底板填土,将树木支稳后可拆除木箱上板及蒲包。坑内填土约 1/3 处,则可拆除四边箱板取出,分层填土夯实至地平。

6.1.4 绿化养护安全作业注意事项如下:

1 应对养护车辆进行自检自查,对车辆各项性能进行保养,特别是对制动、转向、轮胎、喇叭、灯光、防滑等关键系统、设备应进行全面检查,存在安全隐患的,应及时整改到位。

2 养护作业人员必须穿戴反光服、安全帽,并根据现行的养护作业规程进行设置,作业人员应在安全作业范围内作业,防止发生安全事故。

3 使用绿篱机、割灌机、草坪机作业时,必须仔细了解各机具的性能、功效、使用方法、注意事项;熟练操作方法,正确、安全操作,专人使用,机具定期保养。

4 使用草坪机、割灌机剪草作业前需清理草坪中的大小石块,以免损坏刀片及石子崩弹伤人。

5 高大苗木养护作业安全操作要求如下:

1)高空现场作业人员应戴安全帽、挂安全带,不得酒后高空作业。

2)作业范围要设置安全警示牌,提醒行人车辆不得进入作业区。作业时要注意树下安全和周围建筑物的安全,以免树枝掉下时伤人或损坏公私财物,必要时需取得交警的配合。

3)作业中,剪断的枝条应避免压断缆线或挂在线上。

4)修剪大径的长枝条需在长枝条基部裁去,长主干截短时不能一次截断,应分段进行。对周围有危险的枝条,应预先用绳索吊好,锯断后慢慢放下。特大树枝修剪或砍伐树木,应由专人负责统一指挥。

5)使用竹梯上树修枝,竹梯长度应满足作业要求,依靠枝条时须先检查其牢度;竹梯置放应有安全的倾斜角度,一般与地面夹角成 60°左右;竹梯两腿根部均应包上防滑材料。上下树前梯子应放稳,不得穿滑底鞋上梯。

6)超过竹梯长度范围外,攀至苗木枝条修剪时,应特别注意被攀登枝条的牢度,必要时须佩系安全带。

7)使用油锯截枝前,必须仔细了解油锯的性能、功效、注意事项,熟练操作方法,正确安全操作。

6 洒水、喷药作业安全操作要求如下:

1)遵守交通法规,安全行车。

2)正确使用消防栓、消防带、喷淋枪头进行洒水浇灌,消防带接头不应漏水,驾驶员和操作员应配合得当,尽量避免水花溅及行人。

3)作业车辆上应安装扩音器材,喷药作业时播放文明警示语音,提醒路人注意避让,以免药雾溅及行人。

4)使用高效低毒农药,科学配比,严禁使用高毒农药。

5)喷药车使用完毕后,应及时清洗罐内遗留的药液,以免罐体受到腐蚀。

6.1.5 在役高速公路路段安全作业注意事项如下:
1 应按要求上报审批,取得施工许可后,方可进行涉路作业。
2 应严格按照作业规程进行安全布控。
3 作业人员应参加岗前培训,进行安全技术交底。
4 作业完成后应及时清场撤除布控,恢复交通。

6.2 文明施工注意事项

6.2.1 施工人员必须遵守有关文明施工现场管理规章制度。

6.2.2 施工现场必须按照建设单位确定的平面布置图规划,机具设备、材料应按照指定地点安装或堆放,材料分类立卡,按手续领取。

6.2.3 施工单位必须每天安排工人对施工产生的废弃物及时打扫,做一段清一段,做到活完场清,保持现场整齐、清洁、道路畅通。

6.2.4 绿化回填土施工时,设专人每天进行现场清扫、洒水工作,防止灰尘飞扬。

6.2.5 在养护过程中,对植物进行病虫害防治,应采用生物、物理、化学防治相结合;在喷洒药物时,应设置醒目的警示标志。

6.2.6 在养护过程中,养护工人需及时清理药物废旧瓶及修剪下的树枝、枯叶等。清理现场后,有序撤离施工现场。

附录 A 福建省高速公路建设项目绿化工程苗木推荐清单

表 A-1 福建省高速公路建设项目绿化工程苗木推荐清单

序号	种类	全省通用苗木品种	Ⅰ区	Ⅱ区	Ⅲ区	Ⅳ区
1	乔木	香樟、马尾松、天竺桂、八月桂、蓝花楹、广玉兰、二乔玉兰、白玉兰、木荷、碧桃、法国梧桐、枫香、鸡爪槭、苦楝、火力楠、罗汉松、麻栎、盆架木、三角枫、山杜英、石榴、铁刀木、紫玉兰、醉香含笑、木麻黄、龙柏、塔柏等	榕树、大叶榕、小叶榕、印度橡皮榕、香樟、黄槿、刺桐、台湾相思、山榕、杜英、大叶相思、常绿重阳木、台湾栾树、黄花风铃木、桃花心木、美人树、水同木、小叶榄仁、荔枝、龙眼、芒果、南洋杉、刺桐、黄花槐、柚木、羊蹄甲、柳树、大花紫薇、青桐、幌伞枫、盆架子、桉属类等湿地松、适应性强的乔木	榕树、杨树、小叶榕、印度橡皮榕、大叶榕、小叶榕、垂叶榕、高山榕、杜英、黄槿、台湾相思、大叶相思、台湾栾树、常绿重阳木、黄花风铃木、桃花心木、美人树、水同木、小叶榄仁、荔枝、龙眼、芒果、南洋杉、刺桐、黄花槐、柚木、羊蹄甲、木麻黄、大花紫薇、青桐、幌伞枫、柳树、桉属、盆架子等适应性强的乔木	榕树、杨树、樟树、杜英、楠木、蚊母、冬青、雪松、木、常绿重阳木、香樟、垂海棠、黄山栾树、泡桐、木莲、二乔木兰、麻栎、桃树、梨树、柿树、桉属类等耐寒植物	樟树、杨树、杜英、雪松、女贞、石楠、蚊母、冬青、悬铃木、垂丝海棠、黄山栾、树、泡桐、无患子、喜树、七叶树、紫叶李、银杏、桉属类等耐寒植物
2	灌木	红叶石楠、细叶紫薇、美国紫薇、红花继木、金森女贞、夹竹桃、四季桂、紫玉兰、花大果油茶、杜鹃花、火棘球、福建山樱花、木芙蓉、山茶、石楠、苏铁、云南黄素馨、竹柏、栀子花、毛杜鹃、红叶乌柏、刚竹等	非洲茉莉、金边假连翘、美丽、黄金叶、金边垂叶榕、鸡蛋花、金边剑麻、龙舌兰、澳洲鸭脚木、夜来香、海红绞球、朱槿、扶桑、美麻、马缨丹、红叶石楠、山丹、双荚槐、美蕊花、翠芦莉、红干层、侧柏、铺地柏、合欢、南天竹、棕竹等	鸳鸯茉莉、非洲茉莉、黄婵、假连翘、希美丽、黄金榕、金边榕、鸡蛋花、海蛋花、垂叶榕、无刺枸骨、细叶紫薇、红叶乌桕、海桐、海桐球、黄金叶、朱槿、澳洲鸭脚木、夜来香、金边龙舌兰、山丹、双荚、槐、美蕊花、马缨丹、侧柏、铺地柏、桂花、竹类等	米兰、双荚槐、红帆、八角金盘、紫荆、龟甲冬青、碧桃、福建山樱花、海桐、桂花、青、侧柏、铺地柏、桂花、竹类等

续上表

序号	种类	全省通用苗木品种	Ⅰ区	Ⅱ区	Ⅲ区	Ⅳ区
3	攀缘植物	爬山虎、薜荔、常春藤、紫藤、云南黄素馨、山荞麦、油麻藤、使君子、扶芳藤等	三角梅、炮仗花	三角梅、炮仗花	凌霄	凌霄
4	地被	红继木、红叶石楠、毛杜鹃、金森女贞、麦冬、八角金盘、萱草等	黄金榕、花叶良姜、假连翘	黄金榕、花叶良姜、假连翘		

注：根据福建省的气候特征分为4个不同的绿化区域：Ⅰ区为厦门、漳州地区；Ⅱ区为宁德南部、福州、莆田、泉州地区；Ⅲ区为南平、三明、龙岩东部及漳州西部地区；Ⅳ区为南平、三明、龙岩的西部地区。

附录 B 常用植物一览表

表 B-1 常用植物一览表

序号	植物名称	拉丁学名	科属名	花期花色	生态习性与观赏特性	适宜种植地区及高速公路应用	品种及品系及常用规格	主要病虫害	种植及日常管养要点	备注
1	香樟	Cinnamomum camphora (L.) Presl.	樟科樟属	花期4—5月，花绿白或带黄色	常绿大乔木，多喜光，稍耐荫，也喜温暖湿润气候，能耐寒，主根发达，深根性，抗风，萌芽力强，耐修剪。生长速度中等，树形巨大如伞，能遮荫避凉	适宜省内绝大多数地区；可孤植或列植于景观区、路侧，作为主景树或行道树	省内常用品种为小叶香樟，常用规格：米径10~20cm，高度350~600cm，冠幅150~300cm，骨架苗	病害：白粉病，黑煤病；虫害：樟叶蜂，樟梢卷叶蛾，樟巢螟，樟天牛，红蜡蚧，白蚁	浇水应见干见湿，避免积水；樟树喜肥，生长期多次追肥，根据长势可黄化应及具有较深纵裂或皮具较深纵裂或皮被造蚁道或白被，需注意加强白蚁防治	
2	高山榕	Ficus altissima	桑科榕属	花期3—4月,果期5—7月	常绿大乔木，喜高温潮湿环境，适宜生长温度22~30℃，不耐寒，耐干旱瘠薄，抗风，抗大气污染，生长迅速，移栽容易成活。树冠广阔，树姿丰满壮观，抗强风	适宜闽南、闽东地区，闽东沿海。可孤植或列植于景观区、路侧，作为主景树或行道树	应与大叶榕及橡皮榕区分。常用规格：米径10~20cm，高度350~600cm，冠幅150~300cm	病害：叶斑病，黄化病，白粉病，煤烟病；虫害：介壳虫	浇水要遵循见干见湿的原则，不要浇水太勤。高山榕叶片宽大容易吸附粉尘、颗粒等易引起烟煤病，应定期冲洗树冠	

— 28 —

附录 B 常用植物一览表

续上表

序号	植物名称	拉丁学名	科属名	花期花色	生态习性与观赏特性	适宜种植地区及高速公路应用	品种品系及常用规格	主要病虫害	种植及日常管养要点	备注
3	火焰木	Spathodea campanulata P. Beauv.	紫葳科 火焰树属	花冠钟形，橙红色，中间黄色，春夏开花	常绿大乔木，生性强健，属热带树种，生长快，喜光照，耐热，耐旱，耐湿，耐瘠，易移植，枝条脆不耐风，不耐寒。栽培以肥沃和排水良好的沙质壤土或壤土为宜。生长适温23～30℃，10℃以上才能正常生长发育。树干通直，分枝繁多，火焰树花色如火焰且花期长，属观花树种	适宜闽南部分温暖地区，海边不适；可孤植或列植于景观区、路侧，作为主景树或行道树	应与澳洲火焰木区分；常用规格：胸径12～20cm，高度400～600cm，冠幅150～300cm，骨架苗	虫害：蚜虫、黄夜蛾、盗蛾、夜蛾、大小地老虎及金龟子	火焰木枝条较脆，台风汛期前应做好树木的检查工作，及时修剪枝条，交叉枝及有裂痕的枝条，及时加固扶正，防止因树冠受重压力过大而倒伏	
4	本地刺桐	Erythrina variegata Linn.	豆科 刺桐属	花冠红色，花期3月	落叶大乔木，树身高大挺拔，枝叶茂盛，高可达20m，喜温暖滋润、光照充足的环境，耐旱也耐湿，对土壤要求不严，宜向阳背风处生长，能抗污染，生长速度一般，抗风力弱，稍耐寒	适宜闽南及闽东地区，可孤植或列植于景观区、路侧，作为主景树或行道树	主要品种为金脉刺桐。冠刺桐规格：米径10～20cm，高度350～500cm，冠幅150～300cm，骨架苗	病害：烂皮病；虫害：刺桐姬小蜂、角斑蚧古毒蛾、黑盔蚧虫害、棉虫、小蠹虫	刺桐可以在干旱、贫瘠的地方生长并能抗盐碱，但不可有积水，积水过多会导致其根部溃烂。要及时修剪败的枝条并及时处理掉枝条过多会影响的病菌虫害的生长影响。台风汛期前应做好树木的检查工作，对松动、倾斜的树木进行扶正，加固及重新绑扎	

— 29 —

续上表

序号	植物名称	拉丁学名	科属名	花期花色	生态习性与观赏特性	适宜种植地区及高速公路应用	品种品系及常用规格	主要病虫害	种植及日常管养要点	备注
5	黄花风铃木	Handroanthus chrysanthus (Jacq.) S. O. Grose	紫葳科，风铃木属	花冠金黄色，漏斗形，春季3—4月开花，先花后叶	落叶乔木，高4~5m，性喜高温，生育适温23~30℃，若低于3~5℃有冷害。在中国仅适合热带、亚热带地区栽培。栽培土质以富含有机质的土壤或沙质土壤最佳，四季变化明显，春华、夏实、秋绿、冬枯，赋予季节以色彩	适宜闽南及闽东地区，可孤植观赏或列植于生景观区、路侧，作为主景树或行道树	分多花和少花品种，多花品种花期较早，花朵茂盛，观赏性较强。常用规格：米径8~15cm，高度300~450cm，冠幅150~250cm自然冠幅	病害：叶斑病；虫害：咖啡皱胸天牛	黄花风铃木生长期间定期进行修剪整形，剪去低矮的分生侧枝，冬季落叶后应统一进行一次修枝整形，剪去病枝、枯死枝和低矮处分生的偶侧枝，保持主干生长通直	
6	美丽异木棉	Ceiba speciosa St. Hih.	是木棉科，吉贝属	花期10—12月，果5月成熟，冬季为盛花期	落叶乔木，高10~15m，性喜光而稍耐荫，喜高温多湿气候，略耐旱瘠，忌积水，对土层要求不高，但以土层疏松、排水良好的沙壤土或冲击土为佳，抗风、速生，萌芽力强，挺拔直立，成年树干下部膨大呈酒瓶状，树冠伞形，层次分明，冬季盛花期满树姹紫，秀色照人，人称"美人树"，是优良的观花乔木	适宜省内绝大多数地区，适宜沿海；可孤植观赏区、路侧，于生景观或列植道行树，也可与常绿树种配植	应与木棉树区分；常用规格：胸径12~30cm，高度400~700cm，冠幅150~400cm，骨架苗	病害：茎腐病，炭疽病；虫害：金龟子，木棉小绿叶蝉，红蜘蛛，木棉红蝽	其生长过程中需要大量的水分支持。生长较快，枝条较脆，较易折断，平时管养时要做好修剪工作，及时清除主干上萌芽，及时修剪内壁枝，枯枝，徒长枝及干枝，防止枝条断裂掉落	

附录 B　常用植物一览表

续上表

序号	植物名称	拉丁学名	科属名	花期花色	生态习性与观赏特性	适宜种植地区及高速公路应用	品种品系及常用规格	主要病虫害	种植及日常管养要点	备注
7	红花羊蹄甲	Bauhinia blakeana Dunn	豆科羊蹄甲属	红色或紫红色花，花期11月—翌年4月	常绿乔木，性喜温暖湿润、多雨的气候，阳光充足的环境，喜土层深厚、肥沃、排水良好的偏酸性沙质壤土。萌芽力和成枝力强，树冠雅致，分枝多，花期较长，属观花树种	适宜除闽北以外大部分地区；常年茂盛，适合孤植或列植于景观区、路侧等，作为主景树或行道树	应与羊蹄甲及红花紫荆区分；常用规格：米径8~15cm，高度300~450cm，冠幅150~250cm，骨架苗	病害：角斑病	洋紫荆长势快，分枝多，种植时应下足基肥，种植提供充足养分；若要繁叶茂开花多则应加强水肥管养；生长期应注意修剪、抹芽及修剪，形成良好树形	
8	桂花树	Osmanthus fragrans	木犀科木犀属	花期8—10月，花簇生，有乳白、黄、橙红等色	常绿灌木或小乔木，高3~5m，喜温暖，湿润，耐高温，抗逆性强，耐寒性较差，能耐最低气温零下13℃。喜半荫蔽环境，一般要求每天6~8h光照；喜欢洁净通风的环境，受害不耐烟尘危害，受害任不能开花。桂花是中国传统十大名花之一，集绿化、美化、香化于一体的实用兼备的观赏的优良园林树种	适合省内绝大部分地区；适合孤植或列植于景观区、路侧等，作为主景树或行道树	常用四季桂、金桂、银桂、丹桂等。常用规格：高度150~300cm，冠幅100~200cm	病害：叶枯病炭疽病；虫害：蚧壳虫，叶螨（红蜘蛛），刺蛾（毛虫）	桂花树栽植主要求偏酸性，忌碱土，土质不良不任枝叶稀疏长势差。幼龄期和成年树开花时需多浇水，防树势减弱；桂花喜肥，一般施1次氮肥，夏季施1次磷、钾肥，使花繁叶茂，入冬前施1次腐熟的饼肥，以有机肥、越冬肥为主，忌浓肥，尤其忌入粪尿	

— 31 —

续上表

序号	植物名称	拉丁学名	科属名	花期花色	生态习性与观赏特性	适宜种植地区及高速公路应用	品种品系及常用规格	主要病虫害	种植及日常管养要点	备注
9	黄花槐	Sophora xanthantha C. Y. Ma	豆科、槐属	花量大而鲜艳,金黄色,每年8月开花,寒霜降临,落叶不落花	常绿小乔木,喜光稍耐荫,宜在排水良好的土壤中生长。黄花槐开花花量大,花色艳,其适应性和抗性强,生长旺,是优良的园林绿化花化树种	适宜闽东、闽南地区,海边种植;可片植或列植路侧,作为观赏花树种和行道树	常用规格:米径5~15cm,高度250~400cm,冠幅80~200cm,骨架苗	病害:白粉病、溃疡病和腐烂病;虫害:蝗虫,槐蚜,线虫,槐尺蠖,黏虫,美国白蛾	黄花槐属于浅根性苗木,在沿海地区台风较多容易倒伏,平时管养中就要经常修枝整形、支撑加固苗木里,减少树冠分叉点以下枝条,内膛枝及病枯枝,避免因头大脚轻受不了大雨及台风天气影响	
10	鸡冠刺桐	Erythrina crista-galli Linn.	豆科、刺桐属	花叶同出,红色花,花繁艳,花形独特,花期为4-7月	落叶灌木或小乔木,耐轻度荫蔽,喜高温,但具有一定的耐寒能力,生长发育的适合温度为23~30℃,冬季温度宜保持4℃以上。适应性强,生性强健、耐旱且耐贫瘠,还能抗盐碱,排水良好耐水浸。排水良好的肥沃壤土或沙质壤土生长最佳。其树干苍劲古朴,树枝轻柔高雅,花形独特,花色红艳,季相变化特别丰富,具有较高的观赏价值,且性强健,栽培管理容易,病虫害少,是花并苗木观赏树种中优良的观赏树种	适宜闽南、闽东地区;可孤植于景观区、路侧,植于景观区、路侧,作为主景树或行道树	常用规格:米径8~20cm,高度300~450cm,冠幅100~200cm,骨架苗	病害:叶斑病、烂皮病;虫害:刺桐姬小蜂,白蚁	鸡冠刺桐侧枝萌发多,要做好枝修剪,冬季干枝好树形,保汛期前应做好树木的检查,倾斜的树木松动,进行扶正、加固重新绑扎。其树皮具较深纵裂,易于建造蚁道或泥被,每年4-5月,10-11月,应采用白蚁专杀触杀类药剂或杀者灭杀,诱杀,并可采用树干刷防虫剂及穴土浸泡石硫合剂等进行预防	

续上表

序号	植物名称	拉丁学名	科属名	花期花色	生态习性与观赏特性	适宜种植地区及高速公路应用	品种品系及常用规格	主要病虫害	种植及日常管养要点	备注
11	富贵榕	Ficus elastica Roxb "Schryver iana"	桑科榕属	叶色斑驳，绿白相间	常绿大乔木，株高可达30m，叶片上散布淡黄色斑块。生性强健，生长喜高温多湿，性喜高温25~30℃，越冬温度不得低于5℃。耐旱抗瘠，叶色斑驳，绿白相间，远看是叶，近看是花，属园林彩色树种	适合闽东及闽南地区，沿海适宜种植。可孤植或列植于景观区，路侧，作为主景树或行道树	属于橡胶榕的栽培品种。常用规格：地径10~20cm，高度350~500cm，冠幅150~300cm，骨架苗	虫害：白蜡蚧	富贵榕是先发芽后长根，切木可为其表象所迷惑而疏于管理，待芽长至5~6cm后，逐渐让其适应阳光，恢复正常管理	
12	银叶金合欢	Acacia podalyriifolia	豆科金合欢属	花色金黄色，有香味，花期1-3月	速生的灌木或小乔木，高2~4m，可长到6m高，树冠可伸展到3m宽，喜阳光，适宜所有排水性良好的土壤，包括贫瘠的土壤；适宜温暖的气候，亚热带及在温带地区都能生长；能耐旱，半干旱地区能生长；耐寒性较强，最低温耐-7℃低温，形美观优雅，冬季和早春盛开朵朵芬芳的金黄色球状花	适合闽东及闽南地区，沿海适宜种植。可点缀于景观区，路侧，作为亮化树或行道树	常用规格：地径3~5cm，高度150~200cm，冠幅100~150cm，自然冠幅	病害：溃疡病；虫害：天牛、木虱	银叶金合欢种植的第1年，需要用小竹子捆绑定植。由于银叶金合欢生长较快，当苗木长到一定程度时，必须通过修剪和整形管理，培养理想的株形，以保证植株主干、培育出理想的株形。一般须在花后修剪，用疏枝、短截过密枝弱枝去除的方法进行修剪，促进植株成丰满的树冠	

续上表

序号	植物名称	拉丁学名	科属名	花期花色	生态习性与观赏特性	适宜种植地区及高速公路应用	品种品系及常用规格	主要病虫害	种植及日常管养要点	备注
13	垂枝红千层	Callistemon viminalis (Sol. ex Gaertn.) G. Don	桃金娘科红千层属	花期3—5月及10月,花期长,较集中于春末夏初,花红色	常绿灌木或小乔木,高可达6m;喜光树种,性喜温暖湿润气候,耐-5℃低温和45℃高温,生长适温为25℃左右。对水分要求不严,但在湿润的条件下生长较快。能耐酷暑,不耐严寒,喜肥沃、酸性土壤,也耐瘠薄	适合省内绝大部分地区;适合孤植或列植,路侧植等,作为主景树或行道树	与美花红千层区分,其枝条下垂如柳条。常用规格:地径3～5cm,高度150～200cm,冠幅100～150cm,自然冠幅	病害:茎腐病;虫害:地老虎、蝼蛄、绿象鼻虫	美花红千层生长期长,生长量也很大,所需水量很大,应保持土壤潮湿。喜光树种,在修剪中必须遵循"外重下轻,上重下轻,光照均匀"的原则,保证树冠外围、下部和内膛枝条均匀分布,保满,冠幅饱满,树形美观自然,花量多而均匀分布	
14	红皮榕		桑科榕属	花期5—6月	常绿乔木,树高达20～30m,胸径达2m,喜阴也能耐荫、耐风、耐潮、耐寒、耐旱,生命力强,对空气污染抗害特强。容易移植,生长速度快,萌芽力极强,也耐修剪,呈广卵形或伞状,枝叶稠密,树皮灰褐色,荫覆地,甚为壮观,具遮荫、防风及防火功能,是最能抗都市公害的树种	适合省内绝大部分地区;适合孤植或列植,路侧等,作为主景树或行道树	属于橡胶榕的栽培品种。常用规格:米径10～30cm,高度300～600cm,冠幅200～500cm,骨架苗	病害:茎腐病;虫害:蚜虫、红蜘蛛、蚧		

续上表

序号	植物名称	拉丁学名	科属名	花期花色	生态习性与观赏特性	适宜种植地区及高速公路应用	品种品系及常用规格	主要病虫害	种植及日常管养要点	备注
15	宫粉紫荆	Bauhinia variegata L.	豆科羊蹄甲属	花粉红色或淡紫色,花期1~3月,通常早于新叶开放	落叶乔木,树身可达7m,喜阳光和温暖、潮湿环境,不耐寒。宜湿润、肥沃、排水良好的酸性土壤,栽植地应选阳光充足的地方。花美丽而略有香味,花期长,生长快,为良好的观赏及蜜源植物	适合省内绝大部分地区;适合孤植或列植于景观区、路侧植等,作为主景树或行道树	应与红花羊蹄甲、红花紫荆、宫粉紫荆分开,及主干较为直立	病害:紫荆角斑病、紫荆枯萎病、紫荆叶枯病;虫害:褐边绿刺蛾	种植地应确保阳光充足,光线不足则长势不良,移植大苗需带"泥球",栽植不宜过深,否则会引起烂根,影响成活;种植后须设立支架保护。大苗移栽前必须进行截干处理,一般截留取主干3~5m,并保持一定树形	
16	朴树	Celtis sinensis Pers.	大麻科朴属	花期4~5月,果期9—10月	落叶乔木,高达20m。喜光,稍耐荫,耐寒。适温暖湿润气候,适生于肥沃平坦之地。对土壤要求不严,耐轻度盐碱,有一定耐干旱能力,亦耐水湿及精薄土壤,适应力较强,肥沃的土层深厚、黏质土壤为最佳	适合省内绝大部分地区;适合孤植或列植于景观区、路侧植等,作为主景树或行道树		病害:白粉病、煤污病、叶斑病;虫害:木虱、红蜘蛛	除低洼积水地以外不能种植,其他土地均可种植	

续上表

序号	植物名称	拉丁学名	科属名	花期花色	生态习性与观赏特性	适宜种植地区及高速公路应用	品种品系及常用规格	主要病虫害	种植及日常管养要点	备注
17	乌桕	Triadica sebifera (Linnaeus) Small.	大戟科	花期4—8月	乔木,高可达15m,性喜高温、湿润、向阳之地,生长适宜温度为20～30℃,主根发达,抗风力强,生长快速,耐热也耐寒,耐旱,耐瘠	适合省内绝大部分地区;适合孤植或列植于景观区、路侧等,作为主景树或行道树	应与山乌桕区分	虫害:樗蚕、刺蛾、柳兰叶甲、大蓑蛾	乌桕树苗在苗圃培育3～4年,1m高处直径达6cm左右可出圃用于园林绿化,规格不可太大,否则难以产生较好的景观效果。乌桕的移栽宜在春季(4—5月)进行,萌芽前和萌芽后都可栽植,但实践中萌芽时移栽的成活率相对于萌芽前、后移栽要低	
18	无患子	Sapindus saponaria L.	无患子科	花期春季,果期夏秋	落叶大乔木,高可达20余米,喜光,稍耐荫,对寒能力较强。对土壤要求不严,深根性,抗风力强,耐水湿,能耐干旱。萌芽力弱,不耐修剪。生长快,寿命长	适合省内绝大部分地区;适合孤植或列植于景观区、路侧等,作为主景树或行道树		虫害:蜡蝉、天牛、桑褐刺蛾	无患子怕渍水,雨季要注意排水,以防止叶片凋萎脱落。无患子在7—9月大量挂果,果实膨大和油脂转化时会消耗大量水分,应注意合理增加灌水	

附录 B 常用植物一览表

续上表

序号	植物名称	拉丁学名	科属名	花期花色	生态习性与观赏特性	适宜种植地区及高速公路应用	品种品系及常用规格	主要病虫害	种植及日常管养要点	备注
19	栾树	Koelreuteria paniculata Laxm.	无患子科，栾属植物	花期6—8月，果期9—10月	落叶乔木或灌木；喜光，稍耐半阴耐寒，不耐水淹，对环境的适应性强，喜生长于石灰质土壤中。具有深根性，萌蘖力强，生长速度中等，幼树生长较慢，以后渐快，有较强抗烟尘能力	适合省内绝大部分地区；适合孤植或列植干景观区，作为主景树或行道树		病害：白粉病、根腐病和流胶病	栾虽是深根性树种，但干形较差，生苗多次移植根系生长有促进作用，通过3~4次移植根系越来越发达，侧虚根变多	
20	枫香	Liquidambar formosana Hance.	覃树科	花期3—4月，果期10月	落叶乔木，高达30m，胸径最大可达1m，性喜阳光，多生于平地	适合省内绝大部分地区；适合孤植或列植干景观区，作为主景树或行道树	因其似枫树而有香味，故取名为枫香树	虫害：棕色天幕毛虫	枫香树的育苗圃地以选择交通状况良好，土层深厚，土壤疏松，土质较肥沃，pH值为5.5~6.0的沙质壤土为佳	
21	榉树	Zelkova serrata (Thunb.) Makinoz.	榆科	花期4月，果期10月	乔木，高达30m，胸径100cm；性喜光，温暖气候和肥沃湿润土壤，在微酸性、中性、石灰质土及轻盐碱土上均能生长	适合省内绝大部分地区；适合孤植或列植干景观区，作为主景树或行道树	榉树的树皮和树叶可供药用	病害：溃疡病和黄斑病；虫害：蚜虫、小地老虎、金龟子	立地选择应选择平原、滩地、沟坡、四旁等土层深厚，肥沃疏松，排水良好的立地环境，切忌土壤不良、易季节排水不良、淹水的立地	

— 37 —

续上表

序号	植物名称	拉丁学名	科属名	花期花色	生态习性与观赏特性	适宜种植地区及高速公路应用	品种品系及常用规格	主要病虫害	种植及日常管养要点	备注
22	樱花	Prunus subg. Cerasus sp.	蔷薇科,樱亚属植物	花常于3月与叶同时开放或叶后开花,随季节变化	乔木,高4~16m,樱花带树种为温带、亚热带和温暖湿润的气候条件。对阳光的要求不严,宜在疏松肥沃、排水良好的沙质壤土生长,但不耐盐碱土。根系较浅,忌积水低洼地。有一定的耐寒和耐旱抗力,但对烟及风抗力弱,因此不宜种植有台风的沿海地带	适合省内绝大部分地区;适合孤植或列植于景观区、路侧等,作为主景树或行道树	品种较多	病害:流胶病和根瘤病;虫害:蚜虫、红蜘蛛、介壳虫	栽植前要把地整平,可挖直径宽0.8m×深0.6m的坑,坑里先填入10dm³的有机肥,使苗放进坑里,把苗的根向四周伸展。樱花填土后,向上提一下苗使根深展开,再进行踏实。栽植苗离根上层5cm左右,栽好后灌溉,用棍子架好,以防大风吹倒	

附录 C 常用灌木一览表

表 C-1 常用灌木一览表

序号	植物名称	拉丁学名	科属名	花期花色	生态习性与观赏特性	适宜种植地区及高速公路应用	品种品系及常用规格	主要病虫害	种植及日常管养要点	备注
1	红花檵木	Loropetalum chinense var. rubrum	金缕梅科，檵木属檵木的变种	花与嫩叶同时开放，或先于叶开放，花期 11 月—翌年 3 月，花期长，为 30～40 天	常绿灌木或小乔木，喜光稍耐荫，但阴时叶片容易变绿，适应性强，耐旱，喜温暖也耐寒，地栽能耐 −12℃ 低温和 43℃ 高温。萌芽力和发枝力强，耐修剪。耐瘠薄，但适合在肥沃、疏松的微酸性土壤中生长，土壤 pH 值 5.5～6.5 最为适宜，忌碱。红花檵木枝繁叶茂，姿态优美，耐修剪，也可用于制作树桩盆景，花开时节，满树红花，极为壮观，是湖南特产的珍贵乡土彩叶观赏植物	适宜省内大多数地区；可做绿篱、色带，灌木球及高速公路等种植景观带	红花檵木为常绿植物，新叶鲜红色，不同株系成熟时叶色、花色各不相同，市场常分为 5 个类型，分别是单面红、双面红、黑珍珠、大叶红、透骨红，园林常用为双面红类及透骨红类，尤以双面红类叶大而红润，观赏价值较高。自然形态及球形形态测量自然形态，自然高度，植株高度常用 1 年生苗，规格为高度 30～50cm，冠幅 20～30cm，球形形态，冠幅一般有冠幅 60cm、高度 60cm 及高度 80cm、冠幅 80cm 等，要求不脱脚叶片饱满，也有做造型桩景形态	病害：炭疽病立枯病叶斑病；虫害：蚜虫、夜蛾、地老虎和金龟子、蜡蝉、星天牛和褐天牛	红花檵木不耐风吹，注意不要种植在强风区域，否则容易落叶及影响长势。追肥多施氮肥，秋季苗木生长后期，应增施磷钾肥。红花檵木具有萌发力强，耐修剪的特点，在早春、初秋等生长季节进行修剪，配合正常水肥管理约 1 个月后即可开花，且花期集中，中度修剪可以促发新枝新叶，使树姿更美观，并可促使花期红色期延长	

— 39 —

续上表

序号	植物名称	拉丁学名	科属名	花期花色	生态习性与观赏特性	适宜种植地区及高速公路应用	品种品系及常用规格	主要病虫害	种植及日常管养要点	备注
2	红叶石楠	Photinia × fraseri Dress	蔷薇科，石楠属	花白色，多而密，呈伞房顶生复花序。花期5—7月	常绿小乔木或灌木，乔木高6~15m，灌木高1.5~2m，喜欢温暖湿润的气候和微酸性土壤，尤喜沙质土壤，能耐低温，有极强的抗荫蔽能力和抗干旱能力，但不耐水湿；抗盐碱性较好，耐瘠薄土壤，耐修剪，很容易移植成株，其春季新叶红艳，冬、夏三季愈浓，低温转红色，霜重色更佳，是良好的观叶叶树种	适宜省内大多数地区；可做绿篱、色带、灌木球等种植于高速公路各景观带	国内常见的一般是"红罗宾石楠"以及光叶"石楠"鲁宾斯"，以"红罗宾石楠"居多，可选小乔木及大灌木，地被等类型，高度从40cm至300cm，冠幅从30cm至150cm，若为小乔木或者大灌木应标明地径及枝下高	病害：叶斑病、灰霉病、炭疽病；虫害：蚜虫、红蜘蛛（叶螨）、介壳虫、刺蛾、袋蛾（袋蛾）、吉丁虫、天牛、土蚕	若在高温季节种植且已大量长出新叶尚未的情况，则要尽量将幼叶摘除，确保成活。每年至少进行3次修剪，分别是5—6月，8—9月以及11—12月	
3	红绒球	Calliandra haematocephala	含羞草科，朱缨花属	花序呈红色绒球状，淡紫红色，花期8—9月	半常绿灌木或小乔木，喜温暖、湿润和阳光充足的环境，稍耐阴，不耐寒，耐积水或涝，不耐寒，最低不宜低于10℃，要求土层深厚且排水良好的酸性土壤，对大气污染有较强抗性。朱缨花的花丝绚艳红如火，似团团红丝绒球，羽状的叶形非常秀美，春季初发的嫩叶呈红色，渐变分红、绿色，动态效果相秀美至正好，是良好的观叶色并观果的观花灌木	适宜闽东及闽南、海边适宜种植；可做绿篱、色带、灌木球等种植于高速公路景观带	可选用高度1~1.5m，冠幅0.8~1.2m以上的苗木，若规格有自然分枝灌木，则规格有高度60cm或高度100cm，冠幅60cm，冠幅100cm等	病害：溃疡病、斑点病腐病煤烟病、叶斑病、炭疽病；虫害：天牛木虱红蜘蛛介壳虫蚜虫；注：实际管养极少发现病害，发病危害也有限	移植宜在芽萌动前进行，见效最快，如是夏天种植成活率较高。对水分需求不大，为移栽成活多的萌芽及分枝减少修剪工作量，夏秋季节可等表土较为干燥时再进行浇水，冬天为防冻可不浇。夏季如生长过快，可1~2个月修剪1次，冬季重短截修整树形1次。当出现下部光秃远时，要重修剪整树冠及时扩展，促下部萌芽	

— 40 —

附录 C 常用灌木一览表

续上表

序号	植物名称	拉丁学名	科属名	花期花色	生态习性与观赏特性	适宜种植地区及高速公路应用	品种品系及常用规格	主要病虫害	种植及日常管养要点	备注
4	夹竹桃	Nerium oleander L.	夹竹桃科夹竹桃属	花冠深红色或粉红色，花漏斗形，花期全年，春夏最盛	常绿直立大灌木，高达5~6m，喜光，温暖湿润气候，越冬温度需维持在8~10℃，低于0℃，即要落叶。不耐水湿，喜光好肥，也能适应较荫的环境，但庇荫处栽植花少色浓，肥沃好的中性排水良好的土壤。萌芽力强，受害后易恢复	适宜省内大部分地区；高速公路侧及景观区作为观赏花开，同时抗性强	省内常用白花夹竹桃、桃红夹竹桃、黄花夹竹桃、重瓣夹竹桃等。常用规格：高度120~150cm，冠幅60~80cm，3分枝以上	病害：褐斑病、黑斑病；虫害：精天蛾（夹竹桃天蛾）、蚜虫	夹竹桃有毒，是世界知名有毒植物，人畜误食可致命。夹竹桃的适应性强，栽培管理比较容易，无论地栽或盆栽都比较粗放	
5	三角梅	Bougainvillea spectabilis Willd.	紫茉莉科，叶子花属	花色有红、橙、黄、白、紫等，花期全年，夏秋最盛	常绿藤状灌木，性喜温暖、湿润的气候和阳光充足的环境。不耐寒，耐瘠薄，耐干旱，耐修剪，生长势强，对土壤要求不严，但在肥沃、疏松、排水好的沙质壤土能生长旺盛。喜充足的光照，对土壤要求不严，但在肥沃、疏松、排水好的沙质壤土能生长旺盛。生长适温为15~30℃，在夏季能耐35℃的高温，冬季应维持温度不低于5℃的环境。花开不受冻害，花瓣紧凑且不易见落，花期可达到两百多天	适合闽南及闽东大部分地区，较寒冷地区可选用浙江培育的三角梅品种。可做花带、花篱、花丛等高速公路各景观绿带	三角梅品种繁多，花色丰富，有红、橙、黄、白、紫系列及单瓣花、重瓣花和斑叶等多品种。高速公路常州紫三角梅如基红（大红）及云南紫三角梅如的品种，小规格一般用于配片植，较大规格孤植高度40~50cm，冠幅50~60cm，较大规格用于孤植或者群植，列植的基径3~6cm，高度150~180cm，冠幅100~120cm的一般用于孤植或者群植，列植加强绿地的色彩	病害：叶斑病、褐斑病生理性黄化病根颈腐烂病、灰霉病、煤烟病；虫害：介壳虫、蚜虫	喜光照，属阳性花开，种植地应具有充足光照，荫蔽导致开花少或不开花；三角梅要注意整形修剪，以促进侧枝生长，花枝；喜水但忌积水，须控制浇水量防徒长	

续上表

序号	植物名称	拉丁学名	科属名	花期花色	生态习性与观赏特性	适宜种植地区及高速公路应用	品种品系及常用规格	主要病虫害	种植及日常管养要点	备注
6	塔柏	Juniperus chinensis 'Pyramidalis'	柏科、圆柏属 圆柏的栽培种	常绿树种，花开不显	常绿乔木或者小乔木，灌木，温带树种，喜光树种但耐荫性很强，耐寒，中性耐干酸性，耐热，能生于酸性、中性及石灰质土壤上，以疏松、肥沃、排水通气良好的微酸至微碱性土壤为好，忌黏重土和低洼积水地。具深根性，侧根也很发达，对多种有害气体有一定抗性。阻尘和隔声效果好。高达20m，树冠圆锥形或者尖塔形，色彩浓绿挺拔直立，是良好的造型树种	适宜省内绝大多数地区，可做绿篱、灌木球、造型树等种植高速公路各景观带	塔柏为圆柏属中桧柏的栽培塔变种，一般为圆柱形或者尖塔型；常用规格：地径5~7cm，高度180~200cm，用于钢护栏中分带或者景观带或者竹栅防护；地径3~4cm，冠幅60cm，用于混凝土护栏中分带或者片植	病害：锈病、叶枯病；虫害：红蜘蛛、毒蛾、天牛幼虫	每年的春季以及秋季均可以移植，秋季移植尤以早春时最佳，需要达到24~30℃，适合塔柏移植初期的再生生长。定植杉木棍或者竹等做单脚支撑，防倾斜风，可用杉木棍或者竹倒伏	
7	非洲茉莉	Fagraea ceilanica	马钱科灰莉属	花冠白色，漏斗状，花芳香，花期很长，以冬春夏开都开，夏季开得最为灿烂	常绿灌木或小乔木，在园林中可生长至5~12m，性喜温暖，好阳光，好空气湿度高，较耐盐碱，不喜空气干燥的环境，气候温暖的环境下生良好，耐寒条件下，气候冷，烈下降，生长适温为18~32℃，夏季气温高于38℃以上时，会抑制植株的生长，冬季露地植株温度3~5℃可平安过冬。非洲茉莉对病虫害抗性较强，极易管养	适合闽南及闽东大部分地区，特别适合沿海地区栽植；可做绿篱、色带、灌木球、造型树等种植于高速公路各景观带	要注意与木犀科的茉莉花区分开；做片植色块规格一般为高度30~50cm，冠幅20~30cm，做灌木球冠幅常用高度60~100cm，根据需求有塔形柱状非洲茉莉高度160~180cm，冠幅60~80cm	病害：炭疽病日灼病；虫害：短额负蝗、介壳虫	非洲茉莉移植季节限制较不严格，但春季快速生长苗期最短，见效量避开夏季高温强烈季节。种植初期以及冬季低温照强节。每天浇水，否则容易烂根，最好能结合进行叶面洒水。萌芽结合力强，容易徒长导致树形杂乱，应在生长季及时修剪整形	

附录C 常用灌木一览表

续上表

序号	植物名称	拉丁学名	科属名	花期花色	生态习性与观赏特性	适宜种植地区及高速公路应用	品种品系及常用规格	主要病虫害	种植及日常管养要点	备注
8	大叶栀子花	Gardenia jasminoides	茜草科，栀子属	花大色白，芳香，花季6月	常绿灌木或者小乔木。喜高温湿润，喜光，亦耐阴。在荫蔽条件下叶色下色稍差。适宜肥沃、排水良好酸性的轻黏壤土，不耐积水。耐寒性较弱，温度在-12℃下，叶片受冻脱落，萌蘖力强，耐修剪。新生长出的花朵为白色的，后变成黄色的，花朵为大多重瓣，盛开的花朵中间是黄色的花蕊，每朵花至少有四层花瓣重生，是很好的观花闻香花卉植物	适宜省内绝大多数地区；可做绿篱、灌木球等，种植于高速公路各景观带	与小叶栀子品种的辨别主要在叶片上。有自然型和人工造型的类型，自然形态用于片植的高度有20cm、30cm、50cm、60cm、80cm、100cm、120cm等，球形规格范围有高度50cm及高度120cm等	病害：黄化病、煤烟病、炭疽病、根结线虫病；虫害：介壳虫、蚜虫、甲虫、天蛾幼虫、娟野螟	注意挑选排水性好的土壤进行回填，大叶栀子对土壤湿度要求比较高，又害怕根部积水烂根，浇水应注意干湿适中	
9	杜鹃	Rhododendron simsii Planch.	杜鹃花科，杜鹃属	颜色有大红、深红、紫红、纯白、粉色、洒锦等。花期4-5月	常绿或者落叶灌木，省内少见落叶，小乔木，高可达3m，忌碱性和黏质土壤，pH4.5~6.5为佳，耐瘠薄，但不耐积水。性喜凉爽、湿润、通风的半荫环境，忌烈日暴晒，适宜在光照强度不大的散射光下生长，光照过强，嫩叶新叶易被灼伤，新叶老叶焦边，严重时会导致植株死亡。观赏类杜鹃中，西洋杜鹃抗寒力最弱，气温降至0℃以下容易发生冻害	适宜省内绝大多数地区；可做绿篱、灌木球等，种植于高速公路各景观带	省内较常见为春鹃及西洋鹃类，春鹃较为高大，均为落叶前开花，花期4月左右，花大单瓣，因多为毛瓣；西洋鹃常称为比利时杜鹃，较为矮壮，花期可提前到国庆节后以及春节前，多数重瓣，花瓣形态及花色丰富多变，观赏价值极高，价格也比较昂贵。根据杜鹃，常做成球类以及灌木球类，片植为毛杜鹃，球灌类高度40~50cm，冠幅60cm以上，高度30~40cm、冠幅60cm、冠幅80cm	病害：根腐病、褐斑病、黄化病；虫害：军配虫、蚜虫、短须螨	杜鹃是喜荫的植物，太阳的强光直射对它生长不利，所以杜鹃最好选择在有树影遮荫的地方种植，或者就是在做绿化设计时，有意地在杜鹃周围点缀配置乔木。杜鹃喜水润而不湿，在高温或者久未降雨的季节需要每周一次的补充水分，若生长情况则要注意多浇带的情况下在中央分隔带的情况下要注意多浇察发黄或者叶片无光泽，落叶、萌芽稀少等情况，要及时补充水分、养分	

— 43 —

续上表

序号	植物名称	拉丁学名	科属名	花期花色	生态习性与观赏特性	适宜种植地区及高速公路应用	品种品系及常用规格	主要病虫害	种植及日常管养要点	备注
10	黄金榕	Ficus microcarpa 'Golden Leaves'	桑科、榕属	花单性，球形的隐头花序，雌雄同株，果实球形，熟时为红色	常绿小乔木，树干多分枝，高度可达3~6m。属阳性植物，需强光。生长适温23~32℃，安全越冬温度为5℃，低于5℃会受冻害。耐热，不耐寒，耐湿，耐旱，耐瘠，抗污染。对土壤要求不严，以肥沃、排水良好的沙质土壤为良。根系发达，分枝浓密，嫩叶金黄色、老叶绿色，优良的彩叶树种	适合闽南及闽东大部分地区，特别适合沿海地区栽植；可做绿篱、色带、灌木球、造型树等种植于高速公路各景观带	根据种植位置不同，常做片植色块类以及球类，片植规格一般为高度40~50cm，球类一般有高度60cm冠幅60cm、高度80cm冠幅80cm等规格	病害：煤污病、炭疽病、叶斑病；虫害：灰白蚕蛾、吹绵蚧、白粉虱、蜗牛	黄金榕种植成活后对水分的需求较少，浇水应掌握干湿相间。黄金榕在生长季节应补充养分，加强肥水管理。春季应每个月追施1次，以氮、磷、钾为主的复合肥，促使茎叶生长旺盛。夏、秋季每隔20~25天左右施1次饼肥或复合肥，促使色彩鲜艳。生长旺季，应保证充足光照。极耐修剪，生长季节可每月修剪1次	
11	扶桑	Hibiscus rosa-sinensis	锦葵科、木槿属	花红、黄、粉、白等色，花期全年，夏秋最盛	常绿大灌木或小乔木，茎直立而多分枝，高可达6m。喜温暖湿润气候，不耐寒霜，宜在阳光充足，通风良好的场所生长，对土壤要求不严，但在肥沃、疏松的微酸性土壤中生长最好，冬季温度不低于5℃，室温低于5℃，则叶片转黄脱落；低于0℃，即遭冻害	适合闽南及闽东大部分地区，特别适合沿海地区栽植；可做绿篱、色带、灌木球、造型树等种植于高速公路各景观带	根据花瓣可分为单瓣、复瓣，根据花色可分为红、粉红、黄、青、白等。高速公路常用的栽培品种有美丽扶桑（单瓣红花）及锦叶扶桑等品种。自然形态及球形形态测量自然高度，片植高度常用1年生苗，规格20~30cm，球形形态一般高度30~50cm，球形高度80cm、冠幅80cm及高度100cm、冠幅100cm等，要求株形饱满不脱脚叶	病害：煤污病、炭疽病、叶斑病；虫害：蚜虫、红蜘蛛、刺蛾	栽苗季节以10月上至12月中旬和2月上旬至3月下旬为好，12月下旬至1月下旬易产生冻害，4月以后栽苗因高温高气会影响成活。水分管理以土壤湿润即可，不可长时间的过干或过湿。若需要冠幅快速饱满，生长季需要叶面施肥。秋季主要施肥，减少秋梢，避免冻害	

— 44 —

附录 D 常用攀援植物一览表

表 D-1 常用攀援植物一览表

序号	植物名称	拉丁学名	科属名	花期花色	生态习性与观赏特性	适宜种植地区及高速公路应用	品种品系及常用规格	主要病虫害	种植及日常管养要点	备注
1	炮仗花	Pyrostegia venusta (Ker-Gawl.) Miers	紫葳科，炮仗藤属	花冠筒状，橙红色，初春时花朵累累成串，形如鞭炮	常绿木质藤本植物，喜向阳温暖环境和肥沃、湿润、酸性的土壤，不耐寒，生长迅速，在省内种植能保持枝叶长青。全株得以固着他物上生长，花开橙红，花量多目花期长，遮荫及观花都极适宜，是美丽的观赏藤本	适宜闽东、闽南地区；应用于边坡绿化时应设置辅助攀爬网等，可作垂蔓植物种植	常用规格：小苗藤蔓长 30～50cm，大苗藤蔓长 100～120cm，一般自带细竹竿	病害：叶斑病和白粉病；虫害：粉虱和介壳虫	炮仗花生产快，开花多，花期又足，因此效果较好。炮仗花适合缠绕及作为下垂植物，若要使其任上攀爬应设置引或者铁丝网、花架等	
2	风车茉莉	Trachelospermum jasminoides	夹竹桃科，络石属	花期 3～7 月，5 月最盛，形如"卍"字，芳香	常绿木质藤本植物，长可达 10m，喜半阴湿润的环境，喜弱光，耐烈日高温，对气候的适应性强，能耐暑热，亦耐寒冷，一般肥力中等的轻黏土及沙质土均可，忌严寒。酸性及碱性土均可生长，较耐干旱，但忌水湿，保持滋润即可。多做地被覆盖地被或者攀附于墙壁、岩石，或盆栽观赏，为芳香花卉	适宜省内大部分地区，主要作为高速公路边坡覆盖绿被或者垂直绿化	常规络石外，有栽培变种五彩络石、黄金络石等，其叶色多。常用规格：小苗藤蔓长 30～50cm，一般自带细竹竿	虫害：红蜘蛛、蚜虫、蚧壳虫	栽植完毕浇足定根水，注意保湿。夏天 25℃以上的建议种好后设置遮荫，防止暴晒。风车茉莉水长良好的地方，要避免雨季积水烂根。风车茉莉喜肥，想要它生长密开花多，一定要注意多施肥，春、秋季各施一次氮磷钾复合肥；在生长季节可多次喷施叶面肥	

续上表

序号	植物名称	拉丁学名	科属名	花期花色	生态习性与观赏特性	适宜种植地区及高速公路应用	品种品系及常用规格	主要病虫害	种植及日常管养要点	备注
3	爬山虎	Parthenocissus tricuspidata	葡萄科地锦属	夏季开花,花小,成簇,花不显,黄绿色或浆果紫黑色,与叶对生	多年生大型落叶木质藤本植物,其形态与野葡萄藤相似。藤茎可长达18m,覆盖面积可达30~50㎡。爬山虎适应性强,不怕强光,耐寒,耐旱,耐贫瘠,气候适应性广泛,在暖温带以南冬季也可以保持半常绿或常绿状态。耐修剪,怕积水,对土壤要求不严,阴湿环境或向阳处,均能茁壮生长,但在阴湿、肥沃的土壤中生长最佳。它对二氧化硫和氯化氢等有害气体较强的抗性,对空气中的灰尘有吸附能力	适宜省内大部分地区,主要作为高速公路边坡覆绿或者覆盖地被、垂直绿化	常用规格:小苗藤蔓长30~50cm,大苗藤蔓长100~120cm,一般自带细竹竿	病害:叶斑病、白粉病、炭疽病;虫害:蚜虫、金龟子	移植或定植在落叶期进行,定植前施入有机肥料作为基肥,并剪去过长茎蔓,浇足水,容易成活。栽时深翻土壤,施足腐熟基肥。当小苗长至1m长时,即应用铅丝、绳子牵引攀附物,爬山虎怕涝渍,要注意防止土壤积水,"不干不浇,见干见湿"即可。日常养护,施肥不用大多,春、秋两季复合肥料即可施加一次	
4	油麻藤	Mucuna sempervirens Hemsl.	豆科、黧豆属	花期4~5月,花冠深紫红色或紫色,无香气或有臭味	常绿木质藤本,长可达25m。耐荫,喜光,喜湿暖湿润气候,适应性强,对土壤要求不严,喜深厚、肥沃、疏松、排水良好的土壤,耐寒,耐干旱和耐瘠薄,生长快,作为一种适应性强、观赏性较强的木质藤本植物,常青绿化优良,油麻藤还具有良好的生态防护功能	适宜省内大部分地区,主要作为高速公路边坡覆绿或者覆盖地被及垂直绿化	应与牛马藤区别,常用规格:藤蔓长50~100cm,一般自带细竹竿	病害:叶斑病、白粉病、炭疽病;虫害:蚜虫	油麻藤生命力、繁殖力很强,地栽成活率高,地栽直接在适宜气候种植,压实,浇足定根水。对油麻藤的管理主要在定植初期,为保证植株成活,土壤保水,随时除草,注意保护好刚发出的嫩芽,避免和杂草混合,以免受到伤害	

附录 E 常见病害及防治方法一览表

表 E-1 常见病害及防治方法一览表

序号	名称	特征	相关病害图片	发生期	防治措施	备注
一	真菌性病害					
1	白粉病	嫩叶背面主脉其附近出现灰褐色斑点，继而长出白色菌丝层，并产生白粉状分生孢子，在生长季节进行再侵染，重者可抑制寄主植物生长，叶片不平整，以致卷曲，萎蔫苍白。幼嫩枝梢发生畸形，病芽不展开或产生畸形花，新梢生长停止，使植株失去观赏价值		3月份开始，7—8月盛发期，在气温高、湿度大、苗木过密、通气不良的条件下最易发生	(1) 苗圃要经常注意环境卫生，适当疏苗；或发现少数病株时应立即拔除或烧毁。春季嫩叶期应用"扫班"1000倍液喷雾预防，后期同隔10~15天用"理白"1000倍喷雾。 (2) 发生时用波美0.3~0.5度的石硫合剂，每10天喷射1次，连续3~4次	
2	立枯病	属真菌性病害。幼苗和成株均受危害。病菌从基础和根部侵害幼苗植枝，危害处产生暗褐色病斑并呈水浸状，皮与木质层容易剥离，而后缢缩变成黑褐色死亡		立枯病主要在春季雨水多时发生	(1) 用无病新土，移栽或播种、扦插，并对土壤消毒。 (2) 清除销毁病株，不可使用新鲜家肥作基肥。 (3) 移栽或种前用20%五氯硝基苯粉剂与细土1:30的比例撒于种植地上，或用敌克松每平方米4~6g	

— 47 —

续上表

序号	名称	特征	相关病害图片	发生期	防治措施	备注
3	叶枯病	属于真菌引起的病菌病害，该病病原菌多从叶缘、叶尖端侵入，发生在叶片的叶缘和叶尖。发病初期，叶片上产生淡褐色小点，逐步扩大成圆形或近圆形或不规则形的病斑，后扩大为近圆形或不规则形灰褐色大斑，边缘为深褐色		枯斑病发生在7—11月	秋季彻底清除病落叶。发病初期喷洒1:2:200倍的波尔多液，以后可喷50%多菌灵可湿性粉剂1000倍液或50%苯来特可湿性粉剂1000~1500倍液,70%甲基硫菌灵可湿性粉剂1000倍液,每周1次,连喷2~3次治疗	
4	叶斑病	属真菌性病害，主要危害叶和茎，叶片受害时，先出现褐色小点，以后逐渐扩大发展为多角形，点，病斑在叶片正面为红褐色，背面为黄褐色，后期病斑扩大造成叶片透明如纸，易破碎严重影响树木的正常生长和观赏效果。病害严重时，病斑可连成块，甚至全株枯死		在每年春季新叶刚萌发时易发生	（1）加强土、肥、水管理,增强树势,提高抗病能力。发病时可摘去病叶,喷洒1:1:100~150倍的波尔多液,75%百菌清500倍液,50%多菌灵600倍液,每隔7~10天喷1次,连喷2~3次,可在一定程度上控制该病的发生与流行。（2）也可使用70%甲基托布津粉剂800倍+黄叶一喷绿每包15g加水15~20kg,或80%代森锰锌可湿性粉剂600倍液+黄叶一喷绿每包15g加水15~20kg,交替喷施防治	

— 48 —

续上表

序号	名称	特征	相关病害图片	发生期	防治措施	备注
5	煤烟病，又称煤污病	属真菌性病害。煤烟病的发生，一般是由蚜虫、蚧壳虫、粉虱等刺吸式口器害虫诱发形成的，在叶片、枝梢、花苞上都形成大量黑色小霉斑，后扩大连片，嫩梢布满黑霉层，削弱植物的生长势。另外，由于煤粉层，严重地破坏了观赏植物的叶面布满黑色的煤粉层，严重地破坏了观赏植物的观赏性。该菌主要依靠蚜虫、介壳虫的分泌物生活		早春到晚秋都可发病，4~6月为发病盛期	(1) 消灭粉虱、蚜虫、介壳虫等害虫。 (2) 适当修剪，以利于通风透光增强树势，可减轻病害。 (3) 发生初期喷洒波尔多液，控制病害的发展，休眠期还可喷酒波美3~5度石硫合剂，消灭越冬虫源，并兼治蚜螨类害虫。发病严重时喷施乐圃150倍+康圃1000倍治疗和清除煤污。该病发生与分泌蜜露的昆虫关系密切，喷药防治蚜虫、介壳虫等是减少发病的主要措施，适期喷用40%氧化乐果1000倍液或80%敌敌畏1500倍液、防治介壳虫还可用10~20倍松脂合剂、石油乳剂等；对于寄生菌引起的煤烟病，可喷用代森锌500~800倍，灭菌丹400倍液	

续上表

序号	名称	特征	相关病害图片	发生期	防治措施	备注
6	烂皮病	烂皮病是一种致死性的病害，常与小蠹混合危害危害树木的主干、大枝、根颈部位的树皮。初发症状时，树皮湿性腐烂，并向周边扩展；发病后期，树皮韧皮部分离，树皮极易剥开，枯死树皮干或枯枝条一周时，其上部整株枯死		早春到晚秋都可发病，4—6月为发病盛期	（1）清除被害植株。挖除枯死树(病源死树)病部包围主干或根颈一周)和严重被害树，并集中销毁。在清除和运输的过程中，还需要防止小蠹虫的逃逸，危害其他植株。清理后的树穴和周边土壤要用绿亨一号或绿亨二号等杀菌剂混合50%辛硫磷杀虫剂进行消毒。补种时不能选用刺桐属、凤凰木等感病树种。（2）涂药包扎：用利刀切除病部树皮至健康处，然后用药棉吸附甲基托布津或代森锰锌等杀菌剂与氰戊菊酯或乐斯本等杀虫剂混合液刮剥的木质部外和树皮切口处，再用塑料布包紧扎好。（3）根部施药：沿树冠投影范围挖一环形沟(宽20cm，深15cm)，用药液灌根消毒。（4）喷药保护：对发病植株和附近50m内的刺桐属等豆科树种进行药剂喷雾，药剂选用同涂药包扎法	

附录 E 常见病害及防治方法一览表

续上表

序号	名称	特征	相关病害图片	发生期	防治措施	备注
7	茎腐病，也称干腐病	初期病部皮层稍肿胀，略带紫红色，部分有流胶，最后皮层变褐枯死，有酒糟味。表面广产生黑色凸起小粒点。在主干发生较多，病斑易出现在曾在受冻害的部位。初发病时主干或大枝出现不规则水肿斑，发病部皮层变软，常流出黄褐色汁液，具有酒糟味，之后病部失水干缩或开裂，后期病部出现针头状黑色小突起（分生孢子期）,遇雨后挤出橘黄色卷丝（孢子角），严重时导致枝干枯死，甚至全株死亡。常侵染海棠、苹果、山楂、梨、杨树、柳树等		早春到晚秋都可发病，4—6月发病盛期	(1) 提高园林树木长势，在冬季和早春季及时浇灌施富德磁化肥，每桶兑水3000～4000kg，直接灌根或者喷施，建议结合生根剂使用。 (2) 发病后及时喷施药剂，欧钾（3%中生菌素），比仲（6%春雷霉素），也可用多菌灵800倍液。 (3) 一刮二刷三涂：刮除病部树皮；使用流胶净或者艾迪用毛刷对病部刷抹	
8	根腐病	属真菌性病害，根上出现水渍状褐斑、软腐，后腐烂脱皮，木质部呈黑褐色，树皮逐渐呈灰白色，并会逐步蔓延，进而扩大到树干整个皮层坏死，切断养分及水分的输导，使顶端嫩枝逐步干枯，并自上而下，枝叶萎蔫失水干枯，以致全株死亡		此病在温度高、湿度大的环境下最易发生	在种植前对回填土严格消毒，并保持土壤疏松、湿润，使其有良好的通透性，避免积水。如果发现植株患病，要及时处理病株及土体。治疗时可用70%的托布津可湿性粉剂加1000倍水制成溶液喷洒周边土体，可治愈。也可用"键致"1000倍+"根盼"150倍液进行喷施，防根腐同时促根液消毒	

续上表

序号	名称	特征	相关病害图片	发生期	防治措施	备注
9	炭疽病	属真菌性病害，属干较严重的叶面病害，多目下头，叶缘始现病斑，病斑延迟圆形、半圆形、椭圆形，以至不定形，茶褐色至黑褐色，发病后期病斑中央变为灰白色，边缘深褐色，斑外有黄色晕圈。病斑上着生有黑色小颗粒，潮湿时黑点出现粉红色胶状粘液。病斑相互连合时叶片大部分变黑干枯，叶片易脱落。病症后期多症状严重致病叶黄化脱落。炭疽病也分为急性炭疽病（叶枯型）和慢性（叶斑型）		病害自4月抽叶时就可发生，以7—9月的高温高湿季节发病较重，发病的迟早、轻重同当年的合风及降雨情况密切相关。以春末夏初和秋季多雨发病较重	（1）冬春清除病、落叶集中烧毁，随即地面及植株喷药1次，可减轻发病。（2）干抽叶期和发病初期喷施75%百菌清+70%甲基托布津可湿粉（1∶1）800～1000倍液，或25%炭特灵可湿粉500倍液，或60%多福可湿粉600倍液，或65%代森锌可湿性粉剂600倍液，80%炭疽福美可湿性粉剂500～700倍液喷洒叶面连续交替喷施防治。视天气病情连续交替喷雾防治3～4次，隔7～15天喷1次。（3）在常发病的段落于冬春期结合清理病虫枝喷1%波尔多液或0.3～1波美度石硫合剂1次，地面与树上喷施相结合	
10	角斑病	角斑病病斑呈多角形、黄褐色，扩展后相互融合成大斑，发病严重时，叶子上布满病斑，导致叶片枯死，脱落；煤烟病的叶片有油煤状物，树干枝条乌黑，严重时不开花，叶片脱落至死		干旱季节易发生	秋季清除病落叶并集中烧毁，这样可以减少米年侵染源；用50%多菌灵可湿性粉剂700～800倍液或70%代森锰锌可湿性粉剂800～1000倍液，每隔10天喷1次，连续喷3～4次	

附录 E　常见病害及防治方法一览表

续上表

序号	名称	特征	相关病害图片	发生期	防治措施	备注
11	溃疡病	发生在主枝、侧枝上。一般以皮孔为中心，形成暗红褐色圆形小斑，边缘色泽较深。病斑常数块乃至数十块聚生在一起，病部皮层稍隆起，表皮易剥离，皮层组织稍软，颜色较浅。病斑表面常湿润，并溢出茶褐色黏液，俗称"冒油"。发病严重时，病斑迅速扩展，深达木质部，常造成大枝死亡		春季平均气温在10~15℃，相对湿度60%~85%时，分生孢子借风雨传播，通过各种伤口侵入寄主组织	(1)症状较轻可选用70%甲基托布津可湿性粉剂800~1000倍液或50%退菌特可湿性粉剂600~800倍液喷雾防治；也可用50%立枯净可湿性粉剂800倍液淋浇根颈部，每周1次，连续3~4次。(2)症状严重治疗配方：噻森铜/松脂酸铜/噻菌铜/硫酸链霉素/四霉素/新植霉素/可杀得叶枯唑+氯溴异氰尿酸/乙蒜素+腐植酸/嘉美金点+钙(Ca)肥，波尔多液/氢氧化铜	
12	腐烂病	受害严重时皮层腐烂坏死，用手指按下即下陷。病皮极易剥离，烂皮层红褐色，湿腐状时有酒糟味。发病后期，病部失水干缩，变黑褐色下陷，并在上产生黑褐色小点粒，即病菌的分生孢子器，成为再发病的传染源		冬季修剪过多，未及时消毒保护，伤口过多，有利于病害发生。冻害、冰雹都会使树体受伤害而加重腐烂病的发生	可选用70%甲基托布津可湿性粉剂800~1000倍液或50%退菌特可湿性粉剂600~800倍液喷雾防治	
13	灰霉病	属真菌病害，在叶片背面形成灰白色霜状物，病斑初为灰色水渍状小点，随后扩展，病斑呈灰色大斑，具不规则轮纹状，最后坏死或腐烂，并布满灰色霉层，直至坏死染病部位满布腐烂		温度20~25℃，湿度持续90%以上时为病害高发期	平时加强栽培管理，注意排除积水，降低湿度，清除病残体；雨季来临之前可用50%多菌灵800倍液喷雾预防，发病期则可用50%代森锌800倍液喷雾或甲基托布津800倍液喷雾防治	

— 53 —

续上表

序号	名称	特征	相关病害图片	发生期	防治措施	备注
14	根颈腐烂病	属真菌性病害。染病初期,根颈部皮层出现红褐色水浸状病斑,后逐渐腐烂,向内发展可深及木质部,破坏输导组织,导致植株萎蔫,顶芽不发,病株根系变褐,发育不良,颈根少目短,最后叶片脱落,部分枝条或整个植株呈黑色光杆状枯死		发病多是环境影响:栽时根颈部的机械伤口,浇水过频过量造成湿度增加	栽种前,先对栽种土进行杀菌处理,用1%福尔马林处理土壤,再改良土壤理化性质(若土壤条件差,需适当增加活力源用量)。三角梅移栽前后,尽量减少根颈部损伤,以降低发病概率。发病后,用50%福尔马林液或者70%氯硝基苯处理土壤,栽植前用70%甲基托布津500倍液浸泡10min杀菌促根,促进恢复	
15	锈病	属真菌性病害,锈病因多数孢子能形成红褐色或黄褐色的深浅不同的铁锈状孢子堆而得名。锈菌大多数侵害叶和茎,有些也为害花和果实,产生大量的锈色、橙色、黄色、甚至白色的斑点,以后出现表皮破裂露出铁锈色孢子堆,有的锈病还引起肿瘤		一般于4月下旬温度回升开始发病,6—8月高湿季节发病严重	在园林设计及定植时,避免海棠、苹果等与桧柏混栽,并加强栽培管理,提高抗病性。预防期可选择1:2:100的波尔多液、2~5波美度石硫合剂,或45%结晶石硫锌可湿性粉剂500倍液,或代森锰锌70%甲基托布津1000倍液;在发病期可选择25%烯唑醇1500倍液、12.5%三锉酮3000~4000倍液等进行治理,每隔7天喷酒1次,连续3~4次	

续上表

序号	名称	特征	相关病害图片	发生期	防治措施	备注
16	褐斑病	属真菌性病害。被害叶片，在叶面上产生直径为 0.1～0.5cm 的黄褐色至浅褐色病斑，在发现褐斑病时，要摘除病叶，并且集烧，避免传染。褐斑病是夹竹桃上重要病害，各地普遍发生，危害严重		这种病常发生于梅雨季节湿度大的时候	(1) 防治方法：合理密植，不宜栽植过密；科学肥水管理，培育壮苗；清除病叶集中烧毁，减少菌源。 (2) 药剂防治：发病初期喷洒 50%多菌灵可湿性粉剂 1000 倍液或 25%多菌灵可湿性粉剂 600 倍液，36%甲基硫菌灵悬浮剂 500 倍液，70%的代森锰锌可湿性粉剂 400 倍液，0.5%波尔多液或 0.4 波美度石硫合剂。每 10 天喷一次，连续 3～4 次。也可以使用"康圃" 1000 倍或"英纳" 500 倍对症杀菌剂防治，连用 2～3 次，间隔 5～7 天	
17	黑斑病	病斑发生于叶片的边缘或中部，半圆形或圆形。几个病斑相连时，成波纹状，正反两面都有，正面比背面颜色深，病斑灰白色或灰褐色，后期病斑产生黑色粉状，从苗尖向根部变成黑褐色而死亡		一般发生在春季越冬的叶片上	(1) 防治方法：加强管理，增加树势。 (2) 药剂防治：在发病时，先拔除烧毁病苗，并用 0.5%的高锰酸钾或福尔马林喷射 2～3 次，即可防止蔓延，治理可喷洒 75%百菌清 700 倍液	

— 55 —

续上表

序号	名称	特征	相关病害图片	发生期	防治措施	备注
二			病毒性病害			
18	花叶病	属病毒病害。发病初期,叶片上出现褪绿色角状病斑,最后变为褐色,病叶出现浅绿与常绿相间的花叶;严重时叶片变形、黄化、植株矮小,花穗短,花小花少,甚至不能抽出花穗。有的品种花瓣变色呈碎棉状,严重影响花的产量与质量,老叶、新叶呈花白相间		高温、干旱的天气,以及栽培管理粗放、缺肥缺水是诱发花叶病的最主要因素	(1)选用无毒健康植株。 (2)发现病株及时拔除并烧毁。 (3)喷洒杀虫剂防治传毒昆虫。 (4)工具、种子等用前可用10%漂白粉消毒20min。 (5)用磷酸二氢钾、叶霸等药剂混配后喷雾肥与病毒清等药剂混配后喷雾防治	
三			线虫病			
19	根结线虫病	属线虫病害,危害植物的根部,使得地上部分表现叶片发黄,植株矮小,营养不良,根部线虫侵入后,细根及粗根各部位产生大小不一的不规则瘤状物,即根结,其初为黄白色,外表光滑,后呈褐色,并破碎腐烂。表现为结瘤、坏死、根短粗丛生		病土是最主要的侵染来源。在病土内越冬的幼虫,可直接侵入寄主的幼根,形成根结,6~9月为高发期	药剂防治可将3%呋喃丹颗粒剂或15%铁灭克颗粒剂分别按$4\sim6g/m^2$及$1.2\sim2.6g/m^2$的用量拌细土施于播种沟或种植穴内,覆土约10cm,浇透水,有效期长达45天。其他可用的药剂有:0.5%阿维菌素颗粒按每亩18~20g拌土撒施	

附录 E　常见病害及防治方法一览表

续上表

序号	名称	特征	相关病害图片	发生期	防治措施	备注
20	松材线虫病	病害发展过程分4个阶段：(1)外观正常，树脂分泌减少，蒸腾作用下降，在嫩枝上在在可见天牛啃食树皮的痕迹。(2)针叶开始变色，树脂分泌停止，除见天牛补充营养痕迹外，还可发现产卵刻槽及其他甲虫侵害的痕迹。(3)大部分针叶变为黄褐色至红褐色，萎蔫，可见到天牛及其他甲虫的蛀屑。(4)针叶全部变为黄褐色至红褐色，病树整株枯死死亡。此时树体一般有许多次期害虫栖居。病树大多在9月至10月死亡		夏秋季节为高发期，集中在4—6月份，携带松材线虫的天牛成虫在咬食松树皮时，线虫幼虫从伤口侵入健康松树，并在树脂道进行大量繁殖。松树感染线虫后生长衰弱或死亡，又成为天牛的产卵对象。翌年又重复，导致病害扩散蔓延	(1)清除传媒松墨天牛：在晚夏和秋季(10月份以前)喷洒杀螟松乳剂(或油剂)于被害木表面(每平方米树表用药400~600mL)，可以完全杀死树皮下的天牛幼虫或蛹处于病木质部内，喷洒药剂防治效果差，也不稳定。伐除和处理被害木，残留伐限要低，同时对伐根进行剥皮处理，伐木枝梢集中烧毁。原木处理可用溴甲烷熏蒸或加工成薄板(2cm以下)。原木在水中浸泡100天，也有80%以上底杀虫效果。这些措施都必须在天牛羽化前完成。在天牛羽化后补充营养期间，可喷洒0.5%蟒松乳剂(每株2~3kg)防治天牛，保护健树冠。(2)防治松材线虫：在松线虫侵染前数星期，用丰索磷、乙伴磷、治线磷等内吸性杀虫和杀线虫剂施于松树根部土壤中，或有丰索磷注射树干，预防线虫侵入和繁殖。采用内吸性杀线剂注射树干，能有效地预防线虫地侵入	

续上表

序号		名称	特征	相关病害图片	发生期	防治措施	备注
四				生理病害			
21		黄化病	叶片发黄无光亮，这种病有的是由于线虫、细菌类、病毒、支原体等病原体而引起的疾病；有的是由于养分的不足而引起的生理性疾病。黄化病由多种原因引起，故必须采取不同措施进行防治。缺肥黄化病从植株下部老叶开始，逐渐向新叶蔓延，缺铁黄化病，表现在新叶上，开始时叶片呈淡黄色或白色，叶脉仍是绿色，严重时叶脉也呈黄色，最终老叶开始逐渐向新叶发展，叶脉仍呈绿色，严重时叶片脱落而死		无固定时期发生，但以春秋季节较多发	（1）缺肥引起的黄化病：缺氮：单纯叶黄，新叶小而脆。缺钾：老叶由绿色变成褐色。缺磷：老叶紫红或呈暗红色。对以上诸种情况，可加施腐熟的人粪尿或饼肥。（2）缺铁引起的黄化病：可喷洒0.2%～0.5%的硫酸亚铁水溶液进行防治。也可在植株周围土壤上用筷子戳几个深15cm左右的孔，用1:30的硫酸亚铁水溶液慢慢注入，将孔注满，以增加土壤酸性，减少碱性。（3）缺镁引起的黄化病：可喷洒0.7%～0.8%的硼镁肥防治。（4）浇水过多，受冻等，也会引起黄叶现象，所以在养护过程中要特别加以注意	
22		日灼病	属生理性病害，盛夏酷暑暴晒，非洲茉莉及茶花等的嫩梢和幼叶易发生日灼，表现为叶片上多生灰白色或浅白色的灼伤斑		高温干旱季节发生	高温干旱季节，适当增加浇水次数和浇水量，必要时向叶面淋水；对已发生灼伤的植株，剪去已灼伤的嫩梢和幼叶，加强水肥管理。树干涂白可以预防，培土可以保护根颈	
23		药害	常在施药后2～3天内，幼嫩的组织首先表现，如叶面被灼伤、斑点、畸形或呈枯焦脱落等		常在施药后2～3天内	预防措施：做好操作人员的技术培训工作；喷施农药时要掌握使用的浓度，不能超过植物所忍受的浓度	

附录 F 常见虫害及防治方法一览表

表 F-1 常见虫害及防治方法一览表

序号	名称	特征	相关病害图片	发生期	防治措施	备注
一			食叶害虫			
1	灰白蚕蛾	灰白蚕蛾幼虫取食叶片和嫩梢，低龄幼虫咬食叶肉造成叶脉裸露，大龄幼虫蚕食叶片或者啃食叶片残缺不全导致叶片残缺不全或者啃食一空		4月下旬成虫羽化，5月上旬产卵；5月上、中旬第一代幼虫孵化，11月初孵化出第七代幼虫；12月下旬化蛹越冬。幼虫喜食叶片	常用氧化乐果或敌敌畏等喷洒，也可用吡虫啉、甲氰菊酯、溴氢菊酯与辛硫磷等有机磷农药混配后喷施，喷施时应从下往上喷，确保全株均匀喷洒不遗漏，注意应5~7天喷洒1次，连续3次后方可灭杀彻底	
2	樟叶蜂	当年生幼苗受害重的即枯死，幼树受害则上部嫩叶被吃光，形成秃枝。林木树冠上部嫩叶也常被食尽，严重影响树木生长，特别是高生长，使香樟分叉低，分叉多，枝条丛生		一年中发生代数多，为害期长，4月上、中旬羽化。一代幼虫4月中旬孵出，5月上、中旬老熟后入土结茧，部分5月下旬羽化产卵。二代幼虫5月底至6月上旬孵出，6月下旬结茧越冬	可用0.5kg闹羊花或雷公藤粉加清水75~100kg制成药液喷射苗木，或用90%敌百虫或50%马拉松乳剂各2000倍液喷杀。幼虫发育盛期可喷洒0.5~1.5亿浓度的苏云金杆菌、青虫菌、白僵菌	黄金格

续上表

序号	名称	特征	相关病害图片	发生期	防治措施	备注
3	樟梢卷叶蛾	一年发生数代，幼虫蛀食枝梢，影响樟树高生长，致使干形弯曲		3月樟树新梢抽出后	3月樟树新梢抽出后，第一代幼虫孵化时用90%敌百虫、50%二溴磷乳剂、50%马拉松乳剂1000倍液进行喷射，每隔5天1次，连续2～3次，能杀死幼虫。如果幼虫已蛀人新梢，也可喷洒40%乐果乳剂200～300倍液。苗圃或小面积林地，可在冬季收集枯枝落叶烧毁，以消灭越冬蛹	
4	樟巢螟	幼虫成群集结于新梢上取食叶芽，并吐丝把残叶卷成球状，包扎顶芽，以至新梢枯死，甚至全株死亡		一般为害樟树幼苗和20年生以下幼树。一年发生二代，第一代幼虫在5月底到7月中旬为害，第二代幼虫在8-9月为害	幼虫刚开始活动尚未结网集时，用90%敌百虫4000～5000倍液进行喷射，即可杀死。如果幼虫已结成网巢，应将其栽掉烧毁	
5	尺蛾、夜蛾	以幼虫食叶危害，严重时2～3天可吃光全部嫩梢		5—10月间均可见幼虫危害，10—11月幼虫人土越冬	防治尺蛾、夜蛾幼虫，可用50%甲胺磷1500倍液喷施，用25%灭幼脲3号悬浮剂1500倍液，或50%辛硫磷乳油1000倍液喷雾要治早、治小	
6	刺蛾	低龄幼虫群集为害，残害叶片，食叶肉，残害叶脉，将叶吃成缺刻孔洞，主要有黄刺蛾、绿刺蛾	黄刺蛾	1年繁殖1～2代，老熟幼虫在枝叉等处结茧越冬，翌年5-6月化蛹，6月出现成虫，成虫有趋光性	虫害较少可人工摘除茧蛹及幼叶，低龄幼虫期及时进行化学防治，初孵幼虫有群集习性，人工摘除幼叶、小龄幼虫，可喷施Bt.乳剂500倍液、20%菊杀乳油2000倍液、50%马拉硫磷1000～1500倍液或生物杀虫剂灭蛾灵1000倍液等喷雾处理1～2次，间隔期10～15天	

— 60 —

续上表

序号	名称	特征	相关病害图片	发生期	防治措施	备注
7	尺蠖	尺蠖的幼虫，春天干旱则尺蠖取食量越大，危害严重时，叶片大量缺刻。以幼虫危害嫩叶和嫩梢，严重时2~3天可吃光全部嫩梢		代成虫每年5月上旬出现。成虫有趋光性。卵散产于叶片正面，叶柄或嫩枝上。幼虫期共有6龄，5~6龄为暴食期。幼虫有吐丝下垂习性，故又称"吊死鬼"为害盛期为5~7月份	（1）幼虫期可选用10%吡虫啉可湿性粉N2000倍液与4.5%高效氯氰菊酯乳油1500倍液或2.0%N维菌素乳油3000~4000倍液复配制剂进行防治。也可选50%辛硫磷乳油或20%菊马乳油1000~1500倍液、2.5%功夫乳油2000~3000倍液或5%定虫隆乳油1500~2000倍液。（2）也可用国光"功尔"1000倍+"乐克"2000倍防治	
8	夜蛾	初孵幼虫群集在产卵株的顶部叶背危害，取食叶肉成筛状小孔。幼虫活泼，稍受惊动即吐丝下垂而转移		此虫世代重叠明显，每年7~10月为盛发期	幼虫期喷Bt.乳剂500~800倍液,50%辛硫磷乳油1000倍液、2.5%溴氰菊酯乳油或10%氯氰菊酯乳油2000~3000倍油,5%定虫隆乳油1000~2000倍液,20%灭幼脲Ⅲ号胶悬剂500~1000倍液等	
9	短额负蝗	又名小尖头蚂蚱，非洲茉莉偶尔也会发生食叶性害虫，大量发生时，成、若虫常将叶片食光，仅留秃枝，初孵若虫有群集为害习性，2龄后分散为害		7月中旬为第一代成虫羽化盛期。第二代若虫为害期主要在7~8月,8月中旬至10月中旬第二代成虫羽化	应及时喷洒90%的敌百虫晶体800倍液，也可用敌马粉剂1.2~2kg,或者20%速灭杀丁乳油15mL加水400kg进行喷雾，予以杀灭	

续上表

序号	名称	特征	相关病害图片	发生期	防治措施	备注
10	角斑古毒蛾	又名赤纹毒蛾，幼虫取食花卉的幼芽、嫩叶和花冠。残留叶脉。雌蛾体长17mm，长椭圆形，只有翅痕，体有灰和黄白色茸毛。雄蛾体长15mm，翅展32mm左右。会在叶背及枝干结茧化蛹		4月越冬幼虫在植株上为害嫩芽，幼叶地。5月化蛹，蛹期约15天，6月成虫羽化，幼虫为害盛期4—9月，9月幼龄幼虫陆续越冬	（1）人工防治：在蛹和成虫期检查花木上的蛹茧和卵块，采集销毁。（2）药剂防治：幼虫为害盛期喷施20%菊杀乳油200倍液。（3）也可以用国光"功尔"1000倍+"乐克"3000倍喷雾	
11	蓑蛾（袋蛾）	幼虫取食树叶、嫩枝树皮及幼果。大发生时，残存秃枝光干，几天能将全树叶片食尽，开花结实，严重影响树木生长，使枝条枯萎或整株枯死		6—10月蓑蛾幼虫危害期	（1）6—9月蓑蛾幼虫危害期采用辛硫磷乳油1000倍液或氯氟氰菊酯乳油1500倍液、甲维虫螨腈800～1200倍液于傍晚或者阴天全株喷施，同隔5天用药1次，连续3次用药。（2）也可以在幼虫期使用国光"功尔"1000倍+"乐克"2000倍喷施防治	红叶石楠
12	毒蛾	蜀柏毒蛾幼虫喜欢食用新萌发的嫩叶，数量庞大时整棵树的叶片都被吃光，只留下光秃秃的枝条，造成树木成片枯死		于6月中旬和7月中、下旬幼虫孵化后	幼虫期喷施5%定虫隆乳油1000～2000倍液、2.5%溴氰菊酯乳油4000倍液、25%灭幼脲Ⅲ号胶悬剂1500～2500倍液；用10%多来宝浮剂6000倍液喷射5%高效氯氰菊酯4000倍液喷射卵块。也可用90%的晶体敌百虫或80%的敌敌畏800至1000倍液杀灭幼虫	

附录 F　常见虫害及防治方法一览表

续上表

序号	名称	特征	相关病害图片	发生期	防治措施	备注
13	霜天蛾	霜天蛾又名泡桐灰天蛾，属鳞翅目，天蛾科，分布很广，漳州辖区域内基本受过霜天蛾危害，主要危害夹竹桃。幼虫取食花卉叶片，严重时将叶片吃光，留下叶柄和粗叶脉。卵产于叶背，多产在大树下，卵期约10天，幼虫多在清晨取食，白天在隐蔽处停息		10月后幼虫以蛹在土中越冬，翌年5月成虫羽化，成虫趋光性强，幼虫为害期5—10月，以6—7月为害严重，地面上可见到大量的碎叶和大粒虫粪	（1）人工捕杀，为害不严重时细心观察地面，发现少量虫粪时，人工捕杀幼虫，没无必要进行药剂防治。（2）发现大面积虫害时，可用2.5%溴氰菊酯乳油2000～3000倍液，高效氯氰菊脂1000～1500倍进行防治	
14	娟野螟	以幼虫食害嫩芽和叶片，常吐丝缀合叶片，于其内取食，受害叶片枯焦，严重的街道被害株率50%以上，甚至可达90%，暴发时可将叶片吃光，造成黄杨成株枯死，影响市容，污染环境		翌年4月上旬越冬幼虫开始活动，5月中旬为盛期，5月下旬开始在缀叶中化蛹，蛹期10天左右，卵期约7天，7月下旬至9月中旬为第二代发生为害期，9月中下旬结茧越冬	安瑞广（5%高氯·甲维盐）稀释800倍，即一瓶（200mL）兑水300斤，均匀喷施植物叶片，对下部叶片也不应漏喷。在年发生严重的地段使用阿维·灭幼脲1000倍液连续防治两遍两周，两遍防治时间间隔两周为好，以解决世代重叠问题	

— 63 —

续上表

序号		名称	特征	相关病害图片	发生期	防治措施	备注
二				刺吸式害虫			
	15	红蜡蚧	以雌成虫和若虫群栖于香樟枝梢、枝梢及新叶上，吮吸植株汁液。香樟受害后新梢停止抽发，渐至落叶枯枝，重者香樟全株殒命		该虫为香樟树的次要刺吸类害虫。若虫初为淡白色，较扁平，背面部隆起，构成星状白色物质；雌成虫呈椭圆形，具暗白色蜡壳	联合冬剪，剪除有虫枝条；清除越代雌虫，夏季喷施1次10~15倍的松脂合剂；清除越冬代若虫，春季抽芽前，喷波3~5度石硫合剂或3%~5%柴油乳剂；对出土的初孵若虫，早春可在树根四周土面撒50%辛硫磷乳油100倍液，对植株上若虫，捉住孵化盛期（6月初至7月上旬），可喷速扑杀1500倍液或氧化乐果1500倍液，每隔1周喷1次，连续喷3~4次	
	16	介壳虫	它是吸取树桩树液的害虫，危害苗木的顶芽、嫩枝等，苗木受其害后易引起煤烟病，出现生长不良，枝叶枯黄，提早落叶等现象。发病时叶片上会出现许多白色的小突起，影响观赏。后期，介壳虫吸食叶片汁液，造成叶片破损，影响植株生长		3月中下旬开始发生，在温暖潮湿的环境条件下生活，若虫正常活动的适宜温度为22~28℃，超过32℃则开始死亡，在40℃以上或-12℃时即大量死亡	自3月中下旬开始，在树干涂白上部位置涂粘虫胶或者缠粘虫胶带，可以减少介壳虫孵化后爬上树的虫口基数。虫害发生时采用人工刷除杀死外，春季萌芽前预防：发病时可用45%的马拉硫磷乳油1000倍液、40%柴油乐果1000倍液或2.5%溴氰菊酯2500倍液或20%速扑杀乳油1500倍液进行喷施。大面积严重发生还可选用"快彪"500倍液+"透翠"700倍喷雾	

附录 F　常见虫害及防治方法一览表

续上表

序号	名称	特征	相关病害图片	发生期	防治措施	备注
17	白蜡蚧	一旦生了白蜡蚧，不但将极大地影响其长势，并且会严重地影响其观赏效果。还会使其叶片大量脱落。即使喷洒了杀虫剂，其虫虽死，其虫尸体一般也不会自动脱落		4—5月卵孵化为幼虫，雌幼虫分散栖附在叶片上面，雄幼虫群栖在叶片下面，经过20天后，脱皮变成2龄幼虫，离开叶面栖附在枝条上，雌虫分散雄虫群栖	一般应以预防为主，即每隔2—3个月，给全树喷一次稀释2500倍液的敌杀死液。基本可以保证全年不生白蜡蚧，如果已经生了，用乐芥松稀释液全树喷雾，每周1次，连续3次即可灭尽	白蜡蚧
18	蚜虫	又称腻虫或蜜虫等，以成蚜或若蚜群集于苗木幼芽、嫩茎或嫩叶上，用针状剌吸口器吸食植株的汁液，使叶片向背面卷曲皱缩，直接影响红叶石楠的生长和观赏性		夏末出现雌蚜虫和雄蚜虫，交配后，雌蚜虫产卵，以卵越冬，最终产生无翅雌虫。一年能繁殖10～30个世代，世代重叠现象突出	防治蚜虫可于萌芽前喷5%柴油乳剂或3～5波美度石硫合剂，杀死越冬成虫和虫卵。落花后喷第二次药，10%氧化乐果乳剂1000倍液或马拉硫磷乳剂1000～1500倍液喷酒，或者敌敌畏乳油1000倍液喷酒，毒杀孵化卵；而在3—10月蚜虫高发季节，用蚜虱净或者蚜虱灵等药剂、25%灭蚜灵乳油每隔7天喷雾1次，防成虫成灾	红叶石楠、三角梅、红绒球

— 65 —

续上表

序号	名称	特征	相关病害图片	发生期	防治措施	备注
19	白粉虱	以若虫及成虫用口器吸食寄主植物汁液，使受害叶片褪绿变黄，甚至萎蔫死亡，还可传播病毒病。白粉虱会分泌蜜露，引起煤污病，并堵塞植物气孔，影响光合作用，严重时植物不能正常生长发育，失去观赏价值。		此虫最适发育温度为25~30℃	发现白粉虱危害时，及时用10%扑虱灵乳油1000倍液喷洒，可抑制成虫产卵和若虫孵化。也可用2.5%敌杀死2000倍液喷雾，对各种虫态都有较好的防治作用。喷药时在早、晚成虫活动较少时进行，先喷叶正面，再喷叶背面	
20	红蜘蛛，也称叶螨	以口器刺入嫩芽、叶片吮吸汁液，一般在嫩叶背面取食，在高温干旱的气候条件下，繁殖迅速，危害严重，当受到红蜘蛛的侵害时，叶片会变黄		4~7月温度升高以及雨季来临	防治红蜘蛛可用螨清克800~1000倍液喷施。春季萌芽前用20%三氯杀螨醇800倍液喷雾进行预防，用"金霸螨""螨杀得"等杀螨剂在每年生长季节叶正反面用药每周1次，连续2~3次；发病期可用40%的乐果乳剂800倍液或者5%噻螨酮乳油1000倍液或者0.5波美度石硫合剂与0.02%~0.05%氯杀粉液混合施用防治	红叶石楠、塔柏、红绒球

— 66 —

附录 F　常见虫害及防治方法一览表

续上表

序号	名称	特征	相关病害图片	发生期	防治措施	备注
21	木棉小绿叶蝉	成、若虫刺吸木棉等嫩芽汁液，致展叶后叶片歪扭、脱落，甚者叶片枯萎，影响生长。小绿叶蝉成虫体小，长约3mm，体绿色或黄绿色，若虫淡黄色或白或草绿色。成虫在杂草丛中或树皮裂缝内越冬		越冬虫一般于3月份开始活动，3月中、下旬至4月上旬为产卵盛期，4月上旬第一代若虫出现，5月下旬至6月中旬和10月中旬至11月中旬出现两次高峰期，全年在5月下旬至10月共发生5次世代重叠。若虫善爬跳，喜横走，蜕皮5次发育为成虫	(1)冬春清除杂草落叶，必要时地面喷药一次，以减少虫源。(2)抓住年发生高峰前及初龄虫期，喷施40%辛硫磷50%杀螟松、50%敌敌畏80%敌敌畏1000~1500倍液，隔7天后再喷1次效果更佳。(3)木棉树木高大，一般药械施药不易，可用包扎主干枝或钻孔注药法（以电钻在离地80~100cm处成45°角钻入，深度依树干粗细而定，钻后随即注入氧化乐果乳油50~100倍液，50~100mL/洞)	木棉
22	黑盔蚧虫害	其分泌的蜜露易引起煤污病发生，影响花开的生长和观赏		这种虫害一年可繁殖三代，"第一代初孵若虫，5月下旬发生，8月第二代初孵若虫；第三代则在11月上旬发生"	人工剪除虫叶虫枝，或刮刷叶片和枝条上的虫体，注意不要把嫩枝嫩芽碰掉。掌握在若虫孵化盛期喷布90%敌百虫晶体1000倍液、40%氧化乐果乳油1000倍液、80%敌敌畏乳油1000倍液或2.5%溴氰菊酯等菊酯类农药2000~3000倍液	刺桐
23	吹绵蚧壳虫	常群集在叶牙、嫩芽、新梢上危害，发生严重时，叶色发黄，造成落叶和枝梢枯萎，以致整枝、整株死去，即使花尚存部分枝条，也会因其排泄物引起煤污病而一片灰黑，严重影响观赏价值		成虫发生于6月中旬至10月上旬，7月中旬最盛，若虫7月中旬至11月下旬发生，8、9月最盛	在初孵若虫期，可喷施40%氧化乐果1000倍液，或50%杀螟松1000倍液，或用普通洗衣粉400~600倍液，每周左右喷1次，连续喷3~4次	

续上表

序号	名称	特征	相关病害图片	发生期	防治措施	备注
24	木虱	主要以若虫群集在嫩梢、叶片背面刺吸危害，叶片发黄脱落，嫩梢易折			冬末春初喷施乐斯本药剂1000倍液，或10%杀灭菊酯乳油1000倍液，喷施在红线球枝干和周围杂草上，消灭越冬成虫。危害期可用乐斯本药剂1200倍液喷雾，或吡虫啉1:2000倍液或烟参碱1:1000倍液进行喷雾。每周喷1次，连续喷3~4次，效果显著	红线球
25	刺桐姬小蜂	刺桐姬小蜂严重危害刺桐属植物，这种小蜂体型较小，雌成虫体长不过1.0~1.15mm，雄成虫体长1.45~1.6mm，造成叶片、嫩枝等处出现畸形、肿大、坏死、虫瘿，严重时引起植物大量落叶、植株死亡		夏季高发	对于刺桐姬小蜂的防治，应以农业防治和化学防治相结合。农业防治：修剪清除害虫，对刺桐属植株作适当枝叶修剪，清除受害植株的叶片、叶柄，并集中销毁；修剪的伤口用愈伤防腐膜及早封闭，防止病虫为害和污染。应结合化学药物对刺桐树体进行消毒、喷施"护树将军"、氧化乐果、敌敌畏等。化学防治：使用高效、内吸、熏蒸、传导、渗透的杀虫剂进行防治，最好在杀虫剂中加入"新高脂膜"，使农药增效	刺桐、鸡冠刺桐
26	棉虫	枝干上出现明显白色斑点，拿树枝轻轻一拨，便能从一团类似棉花包裹的囊状物中间，发现米粒大小的白色虫子，这便是棉虫		夏季高温季节发生	喷布90%敌百虫晶体1000倍液、40%氧化乐果乳油1000倍液、80%敌敌畏乳油1000倍液或2.5%溴氢菊酯等菊酯类农药2000~3000倍液	刺桐

— 68 —

附录 F 常见虫害及防治方法一览表

续上表

序号	名称	特征	相关病害图片	发生期	防治措施	备注
27	蜡蝉	蜡蝉常以产卵器切断红檵木枝条，产卵在枝条组织中，这是导致枝条枯死的主要原因之一。蜡蝉还以刺吸式口器刺破红檵木枝条组织，吸取汁液，使受害枝叶枯萎死亡			（1）40%氧化乐果乳油或80%敌敌畏乳油1000倍液在害虫期间喷洒。（2）入冬后，彻底清除周围的杂草及落叶，集中烧毁，消灭越冬害虫。（3）结合修剪，剪除被害枝叶并及时烧毁，以减少虫源。（4）保护好蜡蝉的天敌，如鸟类、瓢虫、寄生蜂等	
28	军配虫	军配虫成虫体小而扁平，长约4mm，黑色，是对常绿杜鹃危害最严重的一种害虫，常在叶片背后刺吸叶液为害，被害处叶面上面出现黄白色斑点，使叶片脱落，造成树势衰弱，影响生长及开花。温室中杜鹃极易发生此虫		高温干燥的气候有利于它的繁殖。到10月中、下旬，成虫开始寻找适宜场所越冬	主要是用药物喷杀。可用90%敌百虫原药1000倍液或40%氧化乐果乳油1500倍液或50%杀螟松乳剂1000~1500倍液喷洒防治。在生长季节，交替使用上述药剂连续防治，可以彻底消灭虫害	
29	短须蛾	是杜鹃重要害虫之一，幼虫常在叶片主脉附近刺吸汁液，使叶片背面成许多油渍田块，最后引起叶片脱落。此虫卵倒形，体扁平，体红长约0.3mm，体扁平，体有红、暗红、木红，体侧有不规则黑色斑点，体背有不规则黑色斑块		此虫以夏季天热干燥时最多见，降雨量多时随即减少	在10月中下旬和早春3月各喷1次0.5波美度石硫合剂或25%杀虫脒水剂500倍液	

续上表

序号	名称	特征	相关病害图片	发生期	防治措施	备注
三			蛀干害虫类			
30	天牛	天牛危害主要以幼虫蛀食树干和主根,以成虫啃食枝干嫩皮,在根基部堆积蛀害粪屑,于皮下蛀食环绕树干造成整株枯死。幼虫于树干隧道越冬,卵多产于树干基部和主侧枝下部,以 10cm 以内为多。严重时被害树易风折枯死。红叶石楠、塔柏、红绒球等均容易受害		南方1年1代,以幼虫在被害枝干内越冬,翌年3月以后开始活动。成虫5—7月羽化飞出,6月中旬为盛期,幼虫防治最佳时期 4—5 月和 8—10月,成虫最佳防治时期5—6月	(1)幼虫期对枝干的钻蛀,可通过树干涂白拒避成虫产卵,根基部及距离地面 30cm 内的枝干喷药,人工捕杀卵、幼虫、成虫,树干虫孔的药液注射等多种措施相结合的方式进行。(2)药剂可选用50%马拉硫磷乳油,50%敌敌畏乳油,40%氧化乐果乳油,2.5%溴氰菊酯乳油 200 倍液等交替使用以避免害虫产生抗药性。或采用新型高压注射器,向树干内注射果树宝。也可在幼虫危害期,先用镊子或嫁接刀将有新鲜虫粪排出的排粪孔清理干净,然后塞入磷化锌毒签,并用黏泥堵死其他排粪孔。(3)天牛成虫在5—6月使用安瑞广(5%高氯·甲维盐)稀释 800 倍,即一瓶(200mL)兑水 300 斤,均匀喷施植物叶片,对下部叶片也不应漏喷	

附录 F　常见虫害及防治方法一览表

续上表

序号	名称	特征	相关病害图片	发生期	防治措施	备注
31	吉丁虫	一般是幼虫危害，属蛀干虫害，通常在植物半木质化顶梢的叶腋处蛀入大树干为害，表现为凋萎、枯黄症状。常危害红叶石楠		4月中下旬开始化蛹，5月上中旬成虫羽化，5月下旬至6月上旬为羽化盛期，6月为产卵盛期，卵期约半个月。幼期孵化后即蛀入木质部蛀食，9月以后转入木质皮层，准备越冬	虫害发生及时用50%辛硫磷乳油100~200倍液、40%氧化乐果乳油200~400倍液在9月上旬用25%杀虫霜在幼虫侵入部位进行涂抹	
32	小蠹虫	为小型甲虫。一种类型称为树皮小蠹虫，它们直接蛀食树木韧皮部与边材蛀成粉屑纤维，使植物机体成为直接受害者。另种类型称为蛀干小蠹虫，它们不直接取食植物机体，而是在树木体中构筑坑道，并将真菌孢子带入，使其在坑道周边萌发，长出来的菌丝和再生孢子，就成了它们的食物		在越冬成虫外出迁飞活动季节（5月底至7月初）危害	首先整株喷洒杀虫药物，如80%敌敌畏乳油、40%氧化乐果乳油，或80%磷胺乳油的100~200倍液等，以消灭树冠、树皮表面的小蠹虫成虫，并防止病害的扩散；接下来是在发生病害高浓度的杀虫树干部分逐一涂抹40%绵辛乳油300倍液。第三步是灌根，把农药灌到土地里，进一步杀死顽皮下的小蠹虫，让树木通过根部自己吸收，做到彻底消灭，可根施3%呋喃丹颗粒剂每株200g或于树干基部打孔注射40%氧化乐果乳油，撒辛硫磷等粉剂，防成虫聚集钻蛀	

续上表

序号	名称	特征	相关病害图片	发生期	防治措施	备注
33	白蚁	如樟树、鸡冠刺桐等树皮具有深纵裂，对根部被蚁道或泥被，白蚁对根部或树干建造蚁道或泥被进行啃食，从而使苗木失水死亡		每年4—5月，10—11月，白蚁分飞期经常遭受白蚁侵害，危害者在苗木种植，白蚁通常在苗木种植10多天后，土壤半湿半干时开始危害	（1）将树干上的白蚁做的泥壳用工具全部破坏，让树干上的白蚁全部回到土壤中去。如果土壤干燥，要先浇水，后撒药，以利于药剂有效成分在土壤中快速分散，采用白蚁专杀触杀类药剂或者杀虫饵剂进行灭杀诱杀。（2）找雨后的晴天施药。白蚁都是在蚁巢附近的根部活动，挖开表土5～10cm就能看到白蚁活动，撒施哌虫啶颗粒20～30cm/株，挖成一个环沟，沟宽度5～10g/株，然后表土回填，将哌虫啶埋在表土下	
四				地下害虫类		
34	地老虎和金龟子	以幼虫蛀食根系，地老虎、金龟子主要危害扦插苗和幼苗，金龟子大、中、小苗均有危害		金龟子的危害有一定的规律：每年有两个高峰期，一次是5至6月，另一次是9至10月，而且金龟子是在傍晚6至8点钟出来活动，在防治时要抓住这个规律进行防治	防治地老虎和金龟子的幼虫为地下害虫方法应加强苗圃管理，地下害虫不施未腐熟的有机肥。冬季翻耕，将越冬幼虫翻到地表冻死。用3%呋喃丹颗粒剂，按每亩2kg用量，开沟施入10～20cm深的土中。可于2月底至3月中旬撒施预防，在蚜螬成虫期（4—5月，9月份）可使用瑞卡或瑞广喷植物叶片，杀死成虫减少金龟子产卵数量。另一种防治金龟子的办法是用黑光灯进行诱捕	

— 72 —

附录 F　常见虫害及防治方法一览表

续上表

序号	名称	特征	相关病害图片	发生期	防治措施	备注
35	土蚕，又叫蛴螬	土蚕最主要的危害是在于对红叶石楠根部的啃食。如果出现红叶石楠幼苗大面积突然倒伏或打蔫，那么可以拔出幼苗检查苗木根部，如果出现了非常明显的啃食痕迹就可以确定是土蚕		春秋最盛。当10cm土温达5℃时开始上升土表，13～18℃时活动最盛，23℃以上则往深土中移动，至秋季土温下降时再移向土壤上层	用3%甲基异柳磷颗粒剂、3%呋哺丹颗粒剂、5%辛硫磷颗粒剂或5%地亚农颗粒剂，每亩2.5～3kg处理土壤。治理土壤、杀虫剂撒施或者是液态的杀虫剂喷洒，可以起到非常显著的防治效果	红叶石楠
五	软体动物类						
36	蜗牛	啃食花卉和观叶植物的花、芽、嫩茎及果。造成叶片缺刻、孔洞及幼苗倒伏、果实腐烂。园林植物上常见是灰巴蜗牛		当温度低于15℃，高于33℃时休眠，低于5℃或高于40℃，则可能被冻死或热死	（1）撒石灰粉：用量为75～112.5kg/hm²。也可使用氨水70～100倍液防治，每隔7～10天夜间喷1次，连续喷3～4次。（2）施药：撒施8%灭蜗灵颗粒剂或用蜗牛敌（10%多聚乙醛）颗粒剂，15kg/hm²；用蜗牛敌+豆饼+饴糖（1:10:3）制成的毒饵撒于草坪。有可用硫酸铜800倍液或1%的食盐水喷洒防治	

附录 G 常用绿化植物图示

表 G-1 常用绿化植物图示

香樟全貌图	香樟特写图
高山榕全貌图	高山榕特写图
火焰木全貌图	火焰木特写图

续上表

 鸡冠刺桐全貌图	 鸡冠刺桐特写图
 黄花风铃木全貌图	 黄花风铃木特写图
 美丽异木棉全貌图	 美丽异木棉特写图
 洋紫荆特写图	 洋紫荆全貌图

续上表

桂花树全貌图	桂花树特写图
黄花槐全貌图	黄花槐特写图
富贵榕全貌图	富贵榕特写图
刺桐全貌图	刺桐特写图

续上表

 红叶石楠全貌图	 红叶石楠特写图
 三角梅全貌图	 三角梅特写图
 同安红三角梅	 潮州红三角梅
云南紫三角梅	

续上表

塔柏全貌图	塔柏特写图
夹竹桃全貌图	夹竹桃特写图
非洲茉莉全貌图	非洲茉莉特写图
红花檵木全貌图	红花檵木特写图

续上表

 大叶栀子全貌图	 大叶栀子特写图
 杜鹃全貌图	 杜鹃特写图
 黄金榕全貌图	 黄金榕特写图
 扶桑全貌图	 扶桑特写图

续上表

风车茉莉全貌图	风车茉莉特写图
风车茉莉袋苗图	风车茉莉攀援架
炮仗花全貌图	炮仗花特写图
爬山虎全貌图	爬山虎特写图

续上表

| 油麻藤全貌图 | 油麻藤特写图 |

附录 H 常用种子习性及用法一览表

表 H-1 常用种子习性及用法一览表

品种	习性	种子		播种及发芽时间
		种皮	浸种方式	
台湾相思(千粒重 26g 左右)	喜暖热气候,亦耐低温,喜光,亦耐半荫,耐旱瘠土壤,亦耐短期水淹,喜酸性土	外壳坚硬,透性较差,不经处理很难发芽	适合生长的温度为 23~30℃,7 天开始发芽。7 月荚果熟时由青绿变为褐色,应及时采种,采回果实晒干,取出种子,干藏。脱粒取种,浸于 50~60℃水,在保温条件下浸泡 4h	播种或育苗
荆条(千粒重 10g 左右)	落叶灌木,高 1~5m。耐寒、耐旱,亦能耐瘠薄的土壤;喜阳光充足,多自然生长于山地阳坡的干燥地带,形成灌丛,或与酸枣等混生为群落,或在盐碱沙荒地与蒿类自然混生。其根茎萌发力强,耐修剪。喜光,耐荫,耐寒,对土壤要求适应性强		播前用水浸种一昼夜,出苗快	春播,20~30 天左右出苗
羽叶决明(千粒重 12g 左右)	豆科属半常绿灌木,干旱、耐酸碱、贫瘠的土地,土壤 pH 值在 5~9 的条件下均能生长良好,对水肥无特殊要求。根系发达,保土蓄水能力强,可防止水土流失,遏止植被破坏。耐寒,-10℃左右无冻害,抗病害能力强,几乎无病虫害。生长量大,生长势强,当年播种苗树干直径可达 2~2.5cm,冠幅 1~1.5m,2 年生移栽苗树干直径可达 3~5cm,株高与冠幅可达 2m		播前用水浸种一昼夜出苗快	7—8 月适宜种植

附录 H 常用种子习性及用法一览表

续上表

品种	习性	种子		播种及发芽时间
		种皮	浸种方式	
木豆(千粒重140g左右)	木豆是直立草木,高1~3m,全体灰绿色,适应性强,耐旱、耐寒、耐瘠薄,木豆根系发达,根瘤菌固氮,具共生菌,可溶解岩石中的磷酸铁吸取磷分,改良土质作用巨大		木豆种子浸种12h后基本不再吸水,最佳浸种时间为9~12h,完成正常发芽过程约需吸入自身重量1.3倍的水分,发芽温度范围为12~46℃,最适温度约为25~35℃。木豆种子叶不出土,播种深度以4~5cm为宜	地温稳定在10℃以上时,即可播种,1周后开始出芽,2周后开始出土,并长出1对真叶
银合欢(千粒重40g左右)	灌木或小乔木,常生于低海拔的荒地或疏林中。幼株对冻害比较敏感,成熟植株具有较强的抗冻害能力。由于银合欢根系能够深入土壤深层,因此抗旱能力非常强		用热水(82℃)浸泡3~5min,或沸水(100℃)浸泡50~100s	气温稳定在15℃以上时,播后保持土壤湿润,1周内即出苗
马棘(千粒重4.5~5.0g)	豆科木兰属,小灌木或半灌木,高60~90cm。具有抗旱、耐脊薄生活力强的特点		播前用水浸种一昼夜出苗快	一般春季气温稳定在15℃时即可播种
多花木兰(千粒重7g左右)	多年生豆科灌木,生育期为176~215天,高80~220cm,茎直立,多花木兰喜湿,耐旱,抗逆性强,但不耐水渍,低洼地不适宜种植。在pH值为4.5~7.0的红壤、黄壤和紫红壤上,均生长良好。在无长久霜冻下,保持青绿	硬种子不透水	一般采用机械摩擦法,少量的种子可用浓硫酸浸泡10min,洗去酸液,晾干播种	适宜春夏播,当日平均温度在18℃以上时即可播种

续上表

品种	习性	种子		播种及发芽时间
		种皮	浸种方式	
桃金娘(千粒重0.4g左右)	常绿小灌木,高0.5~2m;阳性,喜温暖至高温湿润气候,耐干旱瘠薄,喜酸性土	种子扁平,肾形或近圆形,种皮硬	种子浸种12h后基本不再吸水,最佳浸种时间为9~12h,完成正常发芽过程约需吸入自身重量1.3倍的水分,发芽温度范围为12~46℃,最适温度约为25~35℃。种子子叶不出土,播种深度以4~5cm为宜	30天的发芽率为35%,82天为49%
山毛豆(千粒重30g左右)	多年生直立草本,株高1~3m,分枝多,蓬膨大,冠幅可达1.5m。适应性强、耐酸、耐瘠、耐旱,喜阳,稍耐轻霜,是土层浅、土夹石、土少石多的边坡绿化先锋树种,也是矿区、磺区治理生态的最好树种。不耐霜冻	毛豆种皮薄、易烂种	用50~60℃温水浸种半小时,晾干后播种	一般3月底至4月中旬播种,种子发芽温度为10~11℃,15~20℃迅速发芽
紫穗槐(千粒重9.2~12.4g)	落叶灌木,高1~4m。适应性强、耐旱、耐瘠薄、耐盐碱,也耐干冷、高温气候。具根瘤菌,能改良土壤,且根蘖性强,是荒山、沙荒、盐碱地的保土固沙树种	果皮含有蜡质,种子具有不透水种皮,吸水困难	70℃热水浸种,水冷后继续浸种1~2天	春播。2月下旬至3月中旬播种;播种后5~7天出苗。出土萌发
小叶女贞(千粒重20g)	半常绿灌木,高2~3m,花期4—7月,果期9—10月。喜光照,稍耐荫,较耐寒,华北地区可露地栽培;对二氧化硫、氯等毒气有较好的抗性。性强健,耐修剪,萌发力强		播种前宜先浸水一夜再播种,以提高发芽率	春播

续上表

品种	习性	种子		播种及发芽时间
		种皮	浸种方式	
胡枝子(千粒重3g)	胡枝子豆科胡枝子属灌木,高0.5~3m,为中生性落叶灌木,耐荫、耐寒、耐干旱、耐瘠薄。根系发达,适应性强,对土壤要求不严格	种子表面有蜡质	播种前宜先浸水一夜再播种,以提高发芽率	春播
猪屎豆(千粒重15g左右)	豆科,1年生直立草本,株高150~200cm 温暖湿润气候,耐旱、耐瘠、耐酸性土壤。不耐霜冻	种子角质层厚,硬籽率高	播前要擦种,以利种子吸水。用细沙或碾米机碾磨至种皮有伤痕即可	一般3—4月播种
狗牙根(千粒重0.2g左右)	禾本科,狗牙根属,又称百慕大草、爬地草、绊根草,禾本科,狗牙根属。狗牙根性喜温暖湿润气候,耐荫性和耐寒性较差,最适生长温度为20~32℃,在6~9℃时几乎停止生长,喜排水良好的肥沃土壤。狗牙根耐践踏,侵占能力强。该草坪在华南绿期为270天,华北、华中为240天左右		播前用水浸种一昼夜出苗快	播种一般在晚春和初夏进行,7天左右发芽,60天内成坪
百喜草(千粒重3g左右)	多年生草本植物,自然高度30~60cm,修剪高度4~8cm。质感粗,生长速度中生性粗放,对土壤选择性不严,分蘖旺盛,地下茎粗壮,根系发达、密度疏,耐旱性极强,耐寒性尚可,耐荫性强,耐踏性强	种子表面有蜡质	播种前宜先浸水一夜再播种,以提高发芽率	

续上表

品种	习性	种子		播种及发芽时间
		种皮	浸种方式	
高羊茅(千粒重2~3g)	草本植物,性喜寒冷潮湿、温暖的气候,在肥沃、潮湿、富含有机质、pH值为4.7~8.5的细壤土中生长良好。对高温有一定的抗性,最耐旱和践踏;喜光,耐半荫,对肥料反应敏感,抗逆性强,耐酸、耐瘠薄,抗病性强。适宜于温暖湿润的中亚热带至中温带地区栽种		播种前宜先浸水一夜再播种,以提高发芽率	秋播
大翼豆(千粒重0.2g左右)	多年生亚热带型豆科草本植物,大翼豆抗旱能力强,适宜降雨量为550~1750mm,在2000mm以上的地区尚能存活,但产量极低。四季生长以夏季和早秋最快。适宜海拔500~1500m。易受霜冻,对土壤要求不严,能在pH值为4.5~9的各种土壤上生长。耐火烧,藤蔓非常发育,在一定肥力条件下,100天可形成全面覆盖			播种期在雨前,一般在4月初到5月末
大波斯(千粒重4g左右)	1~2年生草本,生长适温:15~30℃;种子忌光,稍微覆土			发芽适宜温度为18~20℃
黄波斯(千粒重8g左右)	1年生草本,生长适温:15~35℃			播种1—12月,发芽适宜温度为20~35℃

附录 H　常用种子习性及用法一览表

续上表

品种	习性	种子		播种及发芽时间
		种皮	浸种方式	
紫茉莉(千粒重 100g 左右)	为紫茉莉科、紫茉莉属多年生草本,作 1 年生栽培。株高 50～80cm。根粗壮,茎多分枝而散生。性喜温和而湿润的气候条件,不耐寒,冬季地上部分枯死,在江南地区地下部分可安全越冬而成为宿根草花,来年春季续发长出新的植株。露地栽培要求土层深厚、疏松肥沃的壤土性强健,生长迅速,不择土壤,管理粗放。直根性,须根少,不耐移植			用种子繁殖,宜在 3—4 月播种,发芽适宜温度为 15～20℃,7～8 天萌发
金鸡菊(千粒重 0.4g 左右)	多年生宿根草本,金鸡菊类耐寒耐旱,对土壤要求不严,喜光,但耐半荫,适应性强,对二氧化硫有较强的抗性。在朝阳的山坡上生长迅速			春季 4 月底播种
野菊	多年生草本,高 25～100cm。各地旷野、山坡野生。广布于我国各地			用种子繁殖,宜在 3—4 月播种,发芽适宜温度为 15～20℃,7～8 天萌发
百日草(千粒重 8g 左右)	为 1 年生草本植物,茎直立粗壮,上被短毛,表面粗糙,株高 40～120cm。喜温暖、不耐寒、怕酷暑、性强健、耐干旱、耐瘠薄、忌连作。根深茎硬不易倒伏。宜在肥沃深土层土壤中生长。生长期适宜温度为 15～30℃			春季 3—4 月进行。发芽适宜温度为 21～25℃,播后,7～10 天发芽,发芽率为 60%。播种至开花因品种不同,从 45～75 天不等

续上表

品种	习性	种子		播种及发芽时间
		种皮	浸种方式	
凤仙花	茎高40~100cm,肉质,粗壮,直立;喜向阳的地势和疏松肥沃的土壤,在较贫瘠的土壤中也可生长			3—9月进行播种,以4月播种最为适宜,移栽不择时间。生长期在4—9月份,种子播入盆中后一般一个星期左右即发芽长叶
蛇目菊(千粒重0.3g左右)	蛇目菊为1~2年生草本植物,株高60~80cm。喜阳光充足,耐寒力强,耐干旱,耐瘠薄,不择土壤,肥沃土壤易徒长倒伏。凉爽季节生长较佳			春秋均可播种。3—4月播种,在5—6月开花。6月播种,9月开花,秋播于9月初播种
黑心菊(千粒重0.4g左右)	菊科,金光菊属,为多年生草本植物,多作1~2年生栽培。既耐寒又耐旱。喜向阳通风环境。有自播习性。一般土壤均可栽培。花期为5—9月份			发芽适宜温度:21~30℃;生长适宜温度:10~30℃;播种期:春至秋开花期:夏至秋;种植:春、夏、秋气温在21~30℃均可播种,土质以排水良好。约15天发芽
天人菊	1年生草本植物。植株高约20~60cm,耐干旱炎热,不耐寒,喜阳光,也耐半荫,宜排水良好的疏松土壤。是良好的防风定沙植物。若在酸性土壤中,不仅难获壮苗,盛夏时下叶也容易枯萎			发芽适宜温度为10~25℃